烈女伝

勇気をくれる明治の８人

榊原千鶴 著

三弥井書店

偉人伝を超えて —— はじめに

小学校に入って間もない頃、「明治百年」ということばをよく耳にしました。子ども心に百年は長く、はるか遠い時代と思ったものの、自宅に戻れば明治生まれの祖父母がいて、明治は遠いような、けれど身近でもあるような、不思議な感じがしました。

明治の女性は芯が強い、とはしばしば言われたことですが、性格も歩んだ人生も異なるふたりの祖母を思い返すと、芯が強いのひとことで済ませのは、少し違うなと思いました。芯が強い人もいれば、ヘタレもいる。同じ時代を生きていても、ひとくくりにはできないそれぞれの人生があり、ドラマがあります。

筆一本で経済的自立をはたそうとした女流作家・樋口一葉、津田塾大学の前身である女子英学塾を創設した教育者・津田梅子、ドイツ人医師シーボルトの娘に生まれ、女性医師の先駆けとなった楠本イネ、女性による月刊誌『青鞜』を生み出し、「原始、女性は太陽であった」と高らかに宣言した女性解放運動家・平塚らいてう、恋愛感情をおおらかに謳いあげた情熱の歌人・与謝野晶子。

彼女たちの魅力は、それまでの「女性」像を超えたところにあると思うのは、私だけでしょうか。「女だてらに」、「女のくせに」と非難されても、お行儀よく座っているだけのお人形ではいられない。生来の気質、置かれた環境、巡り合わせ、理由はいろいろでも、社会や周囲、ときには自ら課した殻を破り、一歩踏み出した女性たち。そんな彼女たちの人生は、表紙を閉じれば「立派」な人生が完結する「偉人伝」には収まりきらないと思うのです。

そこには苦しみや悲しみ、葛藤や諦念、ときには周囲との対立や争いもあったでしょう。当たり前のことですが、生身の人間は、とてもとても厄介なものです。ましてや、時代の、社会の縛りからはみ出すパワーを秘めていた彼女たちならなおのことです。

教科書にも登場する彼女たちに較べれば、本書の八人は、みなさんにとって馴染みが薄い存在かもしれません。青山千世《ちせ》、若江薫子《におこ》、美子《はるこ》皇后、跡見花蹊《あとみかけい》、高場乱《おさむ》、和田英、杉本鉞子《えつこ》、山川菊栄。その名さえ、目にしたことがないという人もいるでしょう。けれど彼女たちもまた、幕末から明治、そして続く時代を闊歩していきました。

姉妹や友だちだったらちょっと厄介かも、と思わせる個性派もいます。とても真似できそうもない努力家や、ただただ圧倒される迫力の持ち主もいます。現代では想像もつかない数奇な人生や、胸に迫るドラマもあります。

残された挿話や証言によって彼女たちの在りし日を想像していると、共感ということばではたりない感情が湧き上がってきます。共振とでも言えば良いでしょうか。これほどまでに人の気持ちを揺さぶる彼女たちの人生を、知らないままでいるのは、とてももったいないなと思うのです。

実は本書の八人も、知る人ぞ知るであったり、生まれ育った故郷ではよく知られた存在だったりします。彼女たちは、幼い頃から娘時代にかけて、男性と同じ教育を受ける機会に恵まれた、当時の女性としては稀な存在でした。教育の力によって、自身の才能を花開かせ、〈知〉の継承に寄与し、次世代の教育に力を尽くすことができたのです。

楠本イネ（大洲市立博物館蔵）

幕末から明治にかけての激動の時代、女性を取り巻く社会のありよう、課せられた制約は大きく変化しました。

たとえば教育。江戸時代まで、女性と男

性では、学ぶ内容が明確に分けられていました。男性にとっての高等教育が、漢文による「学問」であり、そこで学ぶことのできる〈知〉の体系は、一般の女性には身近ではありませんでした。

同時にそれは、漢文をもって行われる公的世界への女性の参加を拒むことをも意味しました。女性は家内の存在として、舅・姑・夫に仕え、子どもを産み育てる。家内の安寧を図ることが第一とされる存在だったのです。

そのため、女性にとっての戒めや教訓、身に付けるべき技能や立ち居振る舞いなどのいわゆる「女訓」は、日常生活での具体的な事柄がほとんどでした。「学問」を通じて身につけるべき思考法、すなわち、個々の事象からいったん離れ、少し高い視点からものごとの本質をつかまえる抽象的思考に慣れる機会は、女性にはほとんど与えられていなかったのです。

そうしたなかで、明治五年（一八七二）に学制が公布され、政府主導のもと西洋諸国の教育制度を規範とした近代公教育が始まりました。このとき、女性たちのなかで、西洋の文物の理解が比較的容易だったのは、漢文の素養のある女性たちでした。

欧化主義の教育に、なぜ漢文が必要なのか。

西洋の学問というと、すぐに英語やドイツ語などの言語を思い浮かべますが、明治初期の教科書には、理科に顕著な漢訳や、漢文訓読体のものが多くがありました。学制公布直後に教科書として採用された『西国立志編』なども、サミュエル・スマイルズの『自助論』を中村正直が翻訳したもので、漢文訓読体で書かれています。

もちろん、字面が追えることと、内容を理解できることは違います。けれど漢文を読むことに抵抗がないことは、明治初期の高等教育を受ける上での前提でした。しかも抽象的思考にも慣れています。それまで営々と積み上げられてきた東洋の〈知〉に加え、西洋の新たな〈知〉をも吸収できる。教育の機会に恵まれた女性の可能性は、広がりました。

タイトルに用いた「烈女」は、「節操を堅く守り、気性が激しい女。信義を堅く守る女」(『日本語大辞典』)を表わします。今回取り上げた八人の強さや激しさは、生来のものかもしれませんが、教育によりもたらされた面もあります。教育は、女性はこうあるべきという従来の規範を問い直させ、ときにそれを超える跳躍力を、彼女たちに授けました。

気付いたら、世間の「常識」からちょっぴりはみだしていた。皆がみな、地位や名誉に恵まれたわけでも、夢や希望をかなえられたわけでもありません。けれど彼女たちは、魅力的です。ときに、「あなたはそれで良いの?」、という鋭い問いかけとともに、いまを生きる私を励まし、勇気を与えてくれます。

明治は遠いと思うあなたにも、ぜひ本書で彼女たちに出会ってもらえたらと思います。

Vol1

学びたい！をあきらめない

東京女子師範学校第一回生　**青山千世《ちせ》**（1857〜1947）

開校式

明治八年（一八七五）十一月二十九日、東京湯島の東京女子師範学校では、開校の式典が執り行われていました。師範学校とは、教員養成を目的とする学校です。東京女子師範学校は、政府が設立した女子向けの師範学校で、現在のお茶の水女子大学の前身にあたります。

江戸時代、一般の子どもたちは、女子も男子も庶民の学校である寺子屋で学びました。武士の家に生まれた男子なら、藩校や幕府が設立した昌平坂学問所《しょうへいざかがくもんじょ》などで学ぶことができましたが、女子のみを対象とした学校はありませんでした。教員の養成も、昌平坂学問所は男性教員を地方の藩校に派遣していましたが、計画的な制度が確立されていたわけではありません。女子に特化した、女子教育普及のための教員養成機関である東京女子師範学校の創設は、当時の女子教育にとっては画期的なできごとだったのです。

「女子師範学校行啓」（明治神宮聖徳記念絵画館蔵）

開校の式典には美子《はるこ》皇后も出席しました。校舎に向かう皇后一行の様子は、日本が近代国家への道を歩み始めた歴史的な一瞬として、後に聖徳記念絵画館の壁画に描かれ、いまも明治神宮外苑内にある同館で見ることができます。

ただし式典に参列した生徒たちによれば、壁画には若干の違いがあるようです。第一回生の青山千世が語ったところを、千世の娘の山川菊《きく》栄《え》は、次のように記しています。

皇后の髪はおすべらかし、お雛様の着つけのように美しく重なった白襟の上に緋《ひ》ぢりめんのきもの、緋の袴、その上にはおったうちぎは、黄色地に紅で枝菊を浮き織りにしたもの。緋の袴の裾からは爪先のとがったハイヒールがのぞいていました。まだ二十代のうら若い皇后はまことに匂うような美しさ。お供の女官たちの服装も色とりどりの十二ひとえで目のさめるような華やかさでした。校舎正面の玄関に横づけになった馬車からおりた皇后は、とき色のこうもり傘を開き、それをかざしたまま、吸われるように奥に姿を消しました。

（山川菊栄『おんな二代の記』）

式典では、初代摂理（校長）の中村正直《まさなお》はじめ教員たちの祝辞に続いて、青山千世、吉川若菜、古市洛《ふるいちらく》の三人が、生徒代表として御前講義を行いました。講演が終わり、中村に導かれて控室に入った彼女たちは、室内でもこうもり傘をかざしたまま、金屏風を背に、赤地錦のテーブル掛けを前にした皇后を間近にします。緊張した面持ちで、ご褒美のコンパスなど罫画具《けいがぐ》をいただいたものの、千世たちはあやうく吹き出しそうだったと当時を振り返っています。たしかに、十二単《じゅうにひとえ》にハイヒール、さらにこうもり傘では、和洋折衷の奇妙なファッションに違いありません。

明治10年（1877）頃の東京女子師範学校
（お茶の水女子大学蔵）

いっぽう千世たちも、袖の長い着物に、男子が着用する小倉袴という上下不釣り合いな格好をしていました。その姿を目にした皇后や女官たちも、実は笑いをかみ殺すのがやっと、御所に戻るなり心ゆくまで笑ったと後に千世は聴かされます。

女子教育の重要性を理解し、その普及に力を尽くそうとした美子皇后と、新しい知識を求めて、女子師範の門をくぐった女子学生たちとの、それはほほえましい出会いのひとこまでした。

開校まで

ところで、美子皇后の御前で千世らが行った講義とは、どういうものだったのでしょう。このとき千世は、ボンヌ著箕作麟祥《みつくりりんしょう》訳『泰西勧善訓蒙《たいせいかんぜんくんもう》』、若菜はスマイルズ著・中村正直訳『西国立志篇』、洛は『国史要覧』のそれぞれ一節を講じています。『泰西勧善訓蒙』も『西国立志篇』も、欧米諸国の倫理や道徳に関する開化啓蒙的な内容の翻訳書です。なかでも摂理の中村が訳した『西国立志篇』は、福沢諭吉の『学問のすすめ』と並ぶ明治の二大啓蒙書で、当時百万部を超すベストセラーとなりました。

初代摂理となった中村正直（一八三二〜一八九一）は、昌平坂学問所で学び、後に同所の教授となった幕臣です。維新前後、幕府の命でイギリスに留学し、女子教育の重要性を痛感します。

ロンドンにつくとすぐ、会話や発音の練習のために、年すでに三十五歳の先生は小学校へ入って小学生と机を並べて勉強しました。四角い字なら何でも知っている幕府の大先生も、雨はどうして降るか、雷はなぜ鳴るか、というような科学的な質問には答えられません。ところがイギリスの子供はさっさと答える。君たちはどうしてそんなこと知ってるの？ ときくと、お母さんから聞いたという。なにかにつけイギリスの母親の知識や識見の高いことを知った先生は、日本の母親を省みて心うたれるものがありました。日本へ帰ったら女子教育に力をいれなければ日本は危い、婦人が今のままでは日本は外国と競争できないと痛切に感じました。（『おんな二代の記』）

中村が帰国したとき、すでに幕府はなく、明治新政府の時代になっていました。海外で実感した「日本は危い」「外国と競争できない」という危機感から、国に尽くそうという使命感に燃える存在は、欧米諸国の現状を間近にしたエリートたちに多く見られます。

たとえば、千世とともに御前講義を行った古市洛の兄・公威《こうい》は、のちに帝国大学工科大学初代学長に就任するとともに、土木学会初代会長として、日本の近代工学・土木工学の制度を作った工学博士です。その公威は、留学したパリで、彼のあまりの猛勉強ぶりにその体調を気遣う下宿の女主人にむかって、「自分が一日休むと、日本が一日遅れます」（『新装版 国家・宗教・日本人』）と応えたそうです。圧倒的な国力の差を前に、自国の発展に力を尽くそうと、骨身を削り勉学に励む姿が目に浮かびます。西欧列強による植民地化から逃れるためには、富国強兵が急務、そして、新しい国づくりに携わる優秀な人材が必要でした。

帰国後の中村は、次代を担う若者を育てるには、その母となる女性の教育が重要と考えます。そこで政府に働きかけるいっぽう、明治七年（一八七四）には自らも同人社女学校を開きます。千世の父の青山延寿《のぶとし》と中村は、昌平坂学問所の同窓でもあったことから、千世も一時期この同人社女学校で学びました。

政府も同じ頃、アメリカから招いた教育者デイヴィッド・モルレーの、女子教育は急務である、師範学校を作り、女性教員を養成すべきである、との意見を採用し、女子師範学校の設立を決定します。明治五年発布の「学制」から一年が経ち、全国に小学校が普及しはじめたものの、そこで教える教員の養成は難題でした。千世も、東京でこれから学ぼうというときに、栃木に新設される女学校の教師になってほしいと校長に懇願され、延寿は断るのに難渋したといいます。

モルレーは、配慮の行き届いた女性の方が、男性よりも子どもの教育に適していると勧めています。政府は、こうした進言と同時に、実はもうひとつ、女性教師を育成、採用する利点があると考えました。それは当時、女性教員ならば男性教員よりも給料を低く抑えることができた点です。男性教員二人の給料で、女性教員ならば三人を雇うことが可能でした。女子師範学校の設立は、画期的なできごとに違いありませんが、背景には政府の計算があったことも事実です。

モルレーの意見書提出からわずか一ヶ月弱で、女子師範学校の設立は決定され、時の文部大輔・田中不二麿《ふじまろ》は中村に摂理就任を依頼します。中村は再三辞退したものの、最終的には摂理となることを承諾します。ただし中村は、「師範」という言葉を好まず、卒業後に教師になる義務も、開校初期の生徒には課せられていませんでした。授業科目も、教員養成学校らしい「授業法」や「教育論」はありましたが、むしろ普通教育が中心でした。女性の教養を高めることを第一義とする中村の強い意向があったと考えられます。

いっぽう千世は、東京女子師範学校の門をくぐるまで、学べる場を求め、学校を転々としています。根底にあったのは、「学びたい」という一途な思いでした。〈知〉の世界そのものへの熱情と言えるかもしれません。国や、将来の伴侶、子ども、そうした誰かのためではなく、「自分のために」学びたい。

女性がこうした意志をもち、実際に行動を起こしたことは、現代ならばとくに不思議にも思われないでしょう。けれど明治の世では、それは稀有なことでした。千世の向学心に理解を示し、入学を可能としたのは、父の延寿です。延寿の存在なくして、千世の東京女子師範学校入学はありえませんでした。

父と娘

明治五年の学制公布以前、世の多くは、女子には漢文による学問は不要と考えていました。寛政の改革を行った松平定信（一七五八～一八二九）は、次のように言い切っています。

女はすべて文盲なるをよしとす。女の才あるは大に害をなす。決して学問などはいらぬものにて、かな本よむほどならばそれにて事たるべし。（『修身録』）

女性はかなが読める程度の学力があれば十分、才能があるのはむしろ害である。定信の時代から百年の時が過ぎたとはいえ、女性の学びへの制限は、いまだ世間に根強くありました。そうした明治初期に、娘たちの向学心を支えたのは、多くは武士階級の人々です。

とはいえ、明治二年の版籍奉還、続く四年の廃藩置県により、武士は士族となりました。仕えていた藩主大名は華族となり生活は守られましたが、彼ら士族は、身分こそ華族の下、平民の上に位置づけられたものの、それまでの職を一時にして失いました。つまりリストラされたのです。その数全国でおよそ四十万戸、約百九十万人が生活の糧を失いました。もちろん新政府には役人が必要であり、多少なりと学問のある者、当時にあっては士族が採用されはしましたが、それもほぼ、明治維新を推進した薩摩・長州・土佐・肥前の元藩士が占めました。

職を得られず、生活に困窮した士族のなかには、娘を売る者もありました。若い娘は、すぐに換金できる「商品」と考えられたのです。長年にわたり武士の家では娘たちに、身に危険が及んだときには迷うことなく死を選べと教えてきました。装飾品のかんざしも、武家の女性にとっては護身用の道具、いざという時には相手をそれで刺し、ひるんだ隙に逃げる武器でもありました。そうした徹底した女子教育を一夜のうちにかなぐり捨て、生活のため、家族の犠牲になれとばかりに娘を売る元武士もいたのです。

千世と両親（母きく・父延寿）

千世は安政四年（一八五七）、水戸藩士の青山延寿と、関口家の娘きくとの間に生まれました。延寿は、父の延《のぶ》于《ゆき》や三人の兄たちと同じく、歴史書である『大日本史』の編修や水戸藩の藩校である弘道館の教職に携わ

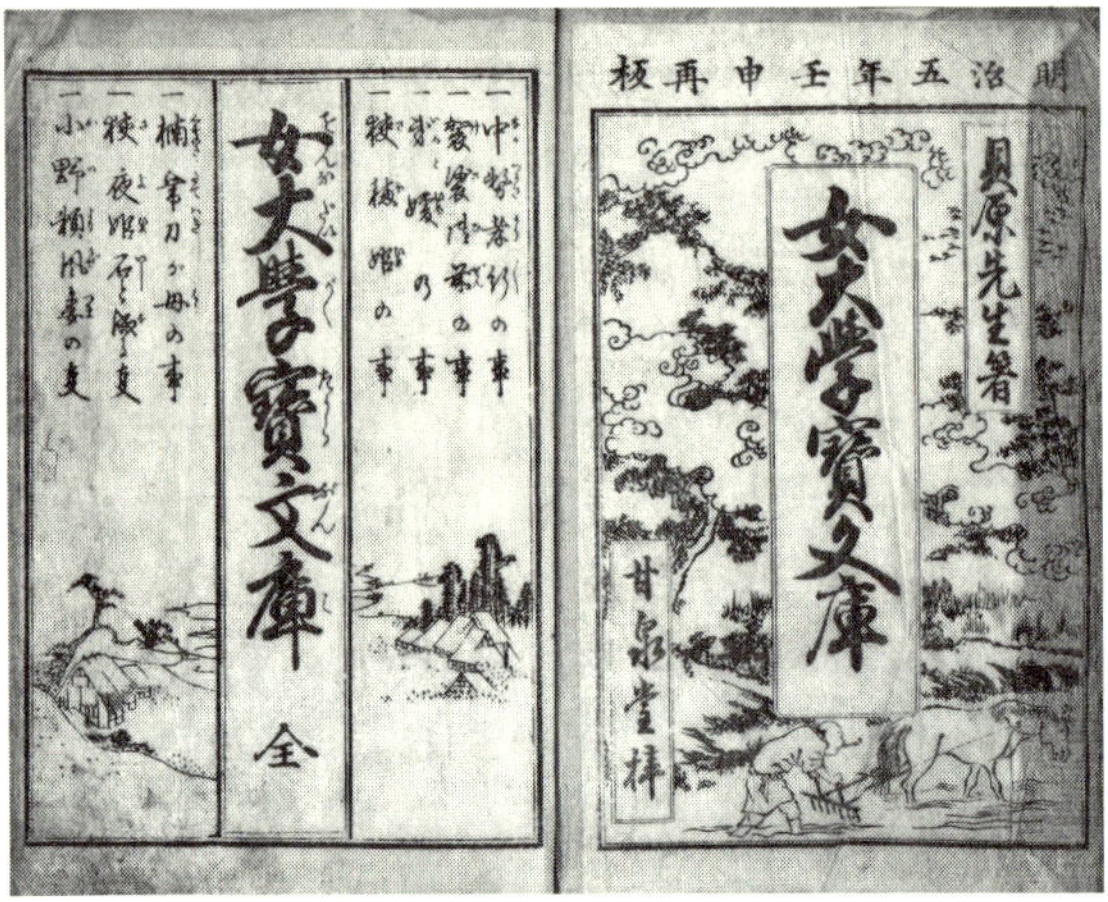

明治5年（1872）再版『女大学寶文庫』

り、家でも塾を開く漢学者でした。

しかし幕末、水戸藩に吹き荒れた政争により、延寿は朝廷に楯突いた政治犯として禄を奪われ、蟄居《ちっきょ》（自宅謹慎）の身となりました。一家はそれまで暮らした六百坪の屋敷から、二室しかない場末のあばら屋で、四年近くを過ごすことになります。明治五年、ようやく蟄居がとけた延寿は、薩摩藩出身の漢学者である、重野安繹《しげのやすつぐ》の紹介で東京府地誌課長となりました。この上京を機に延寿は、千世の女学校入学の願いをかなえてやることにしたのです。

千世は、文久二年（一八六二）六歳のとき、水戸藩士の妻で能書家《のうしょか》の師匠に弟子入りします。ここで『女大学』に代表される女訓書（女子用教訓書）や『百人一首』を読み、師匠の手本を習ってかなの練習に明け暮れました。教科書の『女大学』は、女性は年頃になったら嫁に行き、嫁ぎ先では舅姑夫に仕え、家の跡継ぎを産み育てるのが使命と説きます。十八世紀初めに編修され、読書用にも習字用にも対応する使い勝手の良さも手伝って、実に第二次世界大戦中まで、それは女子教育に使われました。

当時、かなを覚えた少女たちの多くは、その後は裁縫の稽古に通うのが一般的でした。けれど千世は、九歳から十一歳まで、熊本藩の漢学者の娘で、水戸藩の御典医《ごてんい》に嫁いだ女性のもとで、『大学』『論語』『孝経』といった漢文を学びます。兄や姉は、七、八歳のときから祖父の延于に詩作を学びましたが、まだ幼かった千世は、そうした機会に恵まれませんでした。兄や家塾にやって来る男の子たちがみな、漢字を読んだり詩を作ったりできるのが、千世には羨ましかったのです。

娘の向学心を知った延寿は、ならばと机に向う自分の左に兄を、右に千世を座らせ、毎夜二人に素読を行わせることにしました。学力の違いは仕方のないことですが、兄には厳しく、自分には甘い父の態度が、千世には不満でした。

「おとうさんは、おにいさんばかりひいきしていつも叱ったり、やり直しさせたりするのに、私を一度も叱ってくださらない。いつもよくできた、よくできたとほめてくださるばっかりじゃありませんか。なぜおにいさんとおなじように、私ももっときびしくしてくださらないんです?」

父はいっこうとりあわず、平気な顔で、

「なあにお前は女だからそれでいいんだよ。それだけできれば、女としてりっぱなもんだよ」というばかり。

「だから私の学問は、とうとうものにならなかった」と、千世は一生くやしがっていました。

（『二十世紀をあゆむ』）

もともと武士の家では、家を継ぐ男子の教育に熱心で、それは父親により厳しく行われました。いっぽう女性は、男性より劣る存在と考えられていたので、大目に見られる面もあり、むしろ求められたのは、犠牲と服従の精神でした。

はたして延寿はどうだったのでしょう。たしかに、息子に厳しく、娘に甘くではあったことは否めません。とはいえ、娘に漢文を教えるというのは、やはり珍しいことでした。漢学者の家柄だからかというと、必ずしもそうではなく、延寿の兄などは、「女は紺屋の付け紙（染色を指定する書き付け）が書ければ良い」、つまり、かなが書ければそれで十分という考えでした。千世の願いもさることながら、延寿自身も、子どもにはなるべく広く、様々なことを学ぶ機会を与えた方が良いという教育方針だったようです。

水戸藩には、ほかにも漢文を読みこなせる女性たちはいました。たとえば千世が東京女子師範学校で教えを受けた豊田芙雄《ふゆ》もそのひとりです。芙雄は女子師範開校の翌年、附属保育園の保母に任命され、日本の保母第一号となりました。明治二十年（一八八七）にはヨーロッパに留学して女子教育を学び、帰国後は水戸高等女学校の校長も勤めました。

芙雄は若き日、水戸藩士のもとで『史記』や『漢書』を学んだと言います。そして、洋学者の妻となりました。けれど夫は政争により、新婚直後に暗殺されてしまいます。十代で夫を失った芙雄は、教師の道を歩むことになりました。晩年、芙雄は千世に、できれば自分も先生ではなく生徒になりたかったけれど、家庭の事情でやむを得ず先生になった、と当時の思いを語ったそうです。

新しい時代の新しい学問を理解するには、論理的思考に慣れていることが欠かせません。かなが読める程度の学力では、それはなかなか難しいことでした。維新直後、こうした漢文が読みこなせる女性たちが、学びの世界、そして女子教育を牽引しました。

ひとあし先に上京した延寿は、東京での女学校生活を夢見る千世に、飛脚便でさまざまな助言を書き送っています。上京するその日までは、裁縫などの女芸に精進するようにと言いつけたので、千世はお針の稽古も怠りませんでした。気付けば紋付きも仕立てられ、仮免許もうけられるほどの腕前になっていました。東京に持参する漢籍は、『唐詩選』『論語』『大学』くらいで良いとも伝えています。さらには、女学校に通う際の髪型まで指示する力の入れようでした。

開校時の東京女子師範学校（お茶の水女子大学蔵）

実は延寿も、千世の勉学に期待するところがありました。若かりし日、延寿は新しい学問である蘭学に憧れました。けれど水戸藩では、少数の藩士にしか蘭学を学ぶことを許さず、延寿はその機会を与えられませんでした。そこで娘の千世に英語を学ばせ、自分は千世を通じて新しい知識を得ようと考えました。当時としては、柔軟な発想と言えるでしょう。

維新後の東京とは異なり、水戸での女性の外出と言えば、盆暮れの実家への挨拶、墓参りや神社への参拝、親戚での冠婚葬祭くらいがせいぜい、しかも一人歩きははしたないこととされ、著しく制限されていました。武士の娘に生まれ、そうした水戸で少女時代を過ごしてきた千世にとって、学ぶために女学校に通うという東京での生活が、どれほどの自由を感じさせるものだったか。現代の私たちの想像をはるかに超えていたはずです。

千世は上京後、十月に入学した上田女学校を皮切りに、翌六年二月に報国学舎、翌々七年の秋に中村の同人社女学校と、九月からは三ヶ月間の講習で小学校教員を養成するという小学講習所に通うなど、学舎を転々とし、明治八年、ようやく東京女子師範学校への入学を果たします。

第一回生

開校に先立って七月に行われた入学試験の合格者は七十四名、十四、五歳の少女もいれば、夫を亡くした女性、小学教員経験者など、年齢も経歴もさまざまでした。首席入学の千世はこのとき十八歳、当時の一般からすれば、嫁いでいてもよい年頃でした。実際、上京する以前の水戸では、熱心な申し入れもありましたが、学校で思う存分学びたいと願う千世に、結婚はまだまだ遠い先のことでした。

入学試験は、漢字かな交じりで書かれた理科の本『登高自卑《とうこうじひ》』、算術は加減乗除の四則、漢文は千世の祖父延于の著書『皇朝史略』が出題されました。受験生のなかには、このとき初めてアラビア数字を見た者もいました。生徒たちは、とくに理科には苦労したよ

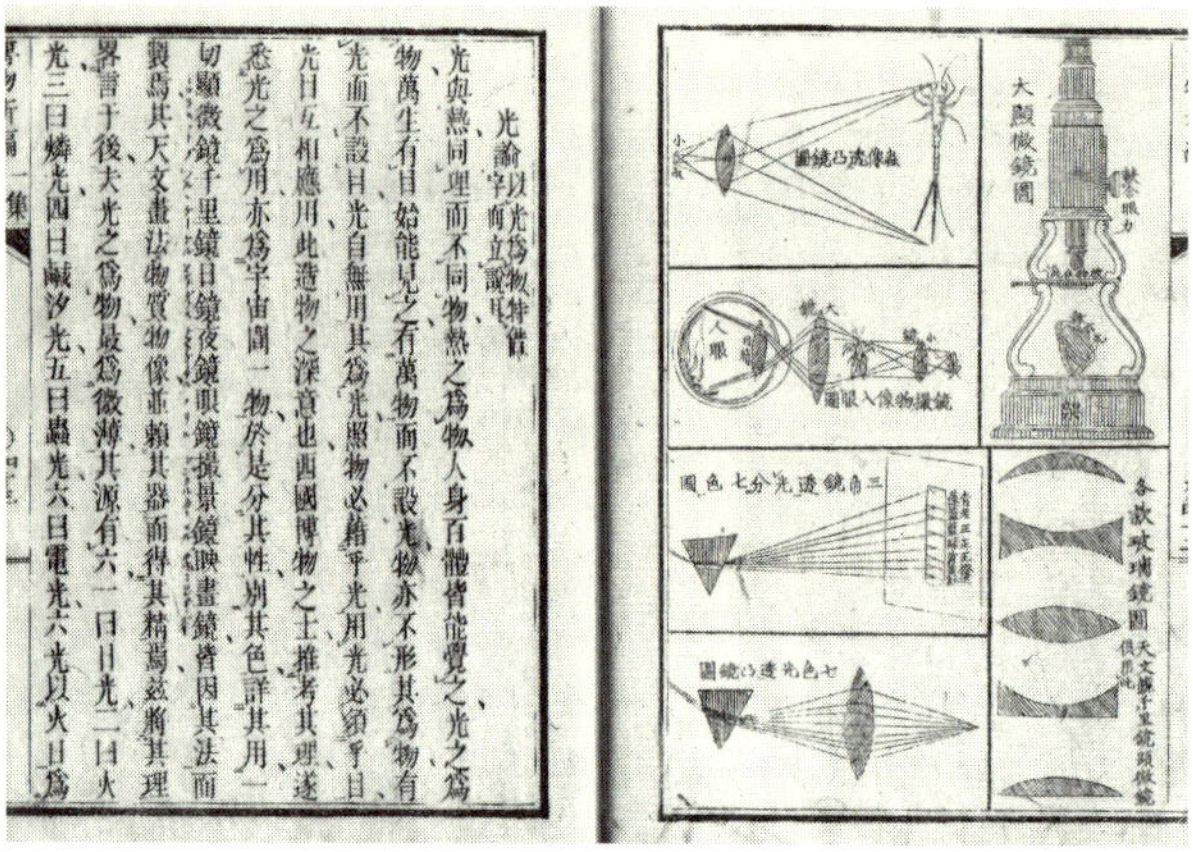
光論（以光為物特借光字而立説耳）
光與熱同理而不同物熱之為物人身百體皆能覺之光之為物萬生有目始能見之有萬物而不設光物亦不形其為物有光而不設目光自無用其為光照物必藉乎光用光必須乎目光目互相應用此造物之深意也西國博物之士推考其理遂悉光之為用亦為宇宙間一物於是分其性別其色詳其用一切顯微鏡千里鏡日鏡夜鏡眼鏡照景鏡映畫鏡皆因其法而製為其天文畫法物質物像並賴其器而得其精焉茲將其理畧言于後夫光之為物最為微薄其源有六一曰日光二曰火光三曰燐光四曰鹹汐光五曰蟲光六曰電光六光以火日為
博物新編 一集

『博物新編 壱集』

うで、『博物新編』や『格物入門』（格物学＝物理学）など原書を漢訳した教科書は、読むことはできても、内容はさっぱりわかりません。近代土木の権威である古市公威の妹・洛のような理科が得意の生徒はまれで、教科書の難しさに不平を漏らす生徒も現れました。すると教師は、この学校に入ったのは学問をする気か、嫁入り前の稽古事のつもりか、と叱ったので、以降、彼女たちはひたすら勉学に励みました。

ところが休暇が明けて授業が始まってみると、教科書はやさしいものへと変更されていました。生徒たちは憤慨し、千世を代表として学校側に抗議し、すったもんだの末に教科書は元へと戻され、弱音を吐く生徒もいなくなりました。

校長の中村も週に一度、自身が翻訳した『西国立志篇』を用いて講義を行いました。中村の授業は、小さなことにはこだわらず、生き生きとおもしろく、千世は晩年になっても、先生の声がいまも耳に響いてくるようだ、とその姿を懐かしんでいます。

中村もそうであったように、明治啓蒙期の女子教育はまず第一に、近代日本にとって有益な人材を育てる「賢母」の育成にありました。国は、女子教育の延長線上に、次代を担う「国民」の「母」となることを想定しました。けれどそうした思惑以前に、当事者の千世たちは、何よりまず、西欧の生活習慣や文物にふれ、新しい知識を吸収することに喜びを見出していました。椅子や机、シーツを敷いた寄宿舎のベッド、食堂で出される牛肉、衣食住すべてにわたって、彼女たちは文明開化を肌で感じていたのです。

明治八年の教則では、科目は読物・数学・記簿法・習字・書取・作文・手芸・画学・授業法・実地授業・唱歌・体操の十二学科目に分けられ、読物の対象は、歴史・地理・物理学・修身学・養生学・化学大意・経済学・博物学・教育論などでした。まだ整備されていない初期のこととはいえ、それ以前の寺子屋での教育に較べれば、格段の広がりです。

千世の娘で明治二十三年（一八九〇）生まれの菊栄《きくえ》によれば、千世やその友だちは、歳を重ねても、新聞の、とくに政治欄などを批判的に読む習慣があり、そうした姿に菊栄はいつも刺激を受けていたといいます。

もちろん学課の内容は、初期のことで後年ほど整備されておらず、幼稚であったでしょうが、全体としてみるとき、学問に対する心がまえ、政治とか社会とかに対する

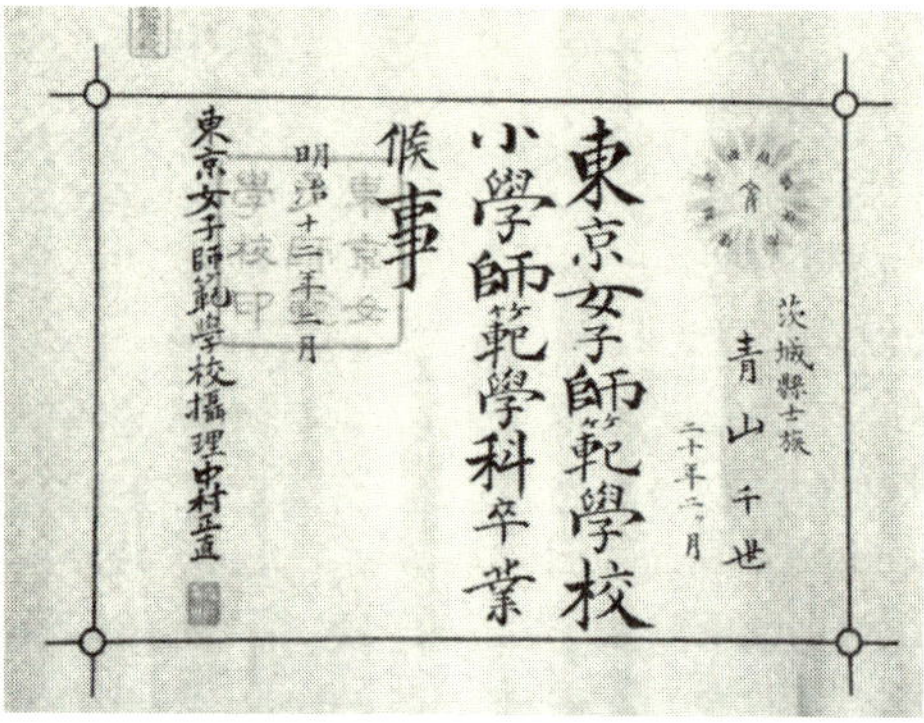

青山千世卒業証書（お茶の水女子大学蔵）

関心が明治三〇年代、日清、日露の戦勝で、国力の発展した頃の私の女学校時代の人々には、見ることのできないものでした。

私はいわゆる賢母良妻主義の最盛期に、学生時代を送ったものですが、その時代の先生が私に対してする注意のことばは、「そんなことではお嫁にいかれない」「お嫁にもらいてがない」というような、まことに卑俗低調な功利主義そのものでした。私の母は、きびしい人でしたが、かつてそんなことをいって、娘を叱ったことはありませんでした。

女は女らしくとか、女だからこうしなければならない、などとも、かつて家ではいわれたことのない私でした。

（『二十世紀をあゆむ』）

学ぶことが、結婚への過程に過ぎないとする価値観、菊栄のことばを借りれば、「卑俗低調な功利主義」とは一線を画したところに、千世たちの学びはありました。

世の中のできごとを伝える新聞ひとつをとってみても、その論調が果して正しいものなのか、常に問いながら読む。なにごとも鵜呑《うの》みにしないこうした批判的な読みかたを身につけるには、広い教養と論理的思考が必要です。菊栄は後に、「私たちの若き姉妹よ、まずかく疑うことを習え」と後進の女性たちに呼びかけていますが、まさに菊栄自身が、千世やその同級生らの姿を通して、「疑ってみること」の大切さを身をもって学んだのです。

卒業後

明治十二年二月に東京女子師範学校を卒業した千世は、一度きりの見合いで、翌十三年暮れ、森田竜之助と結婚します。竜之助は松江藩の足軽の次男で、維新後は畜産やハム、ベーコン、缶詰を作る食品工業の先駆者となった人物です。

千世と竜之助 明治20年（1887）頃

妻には教養ある人をと望んだ竜之助ですが、娘の菊栄によれば、竜之助は教養が低く、放漫な生活にふけり、中年以降は事業による借財で千世の苦労は絶えなかったようです。けれど千世は、生活に困窮した竜之助の親戚が頼ってくれば、身が立つよう世話をしたので、血を分けた竜之助よりも感謝され、信頼されました。

千世の実家では、子どもを連れて実家に戻るようにと千世に離婚を勧めましたが、千世が実家に戻ることはありませんでした。延寿は自分がこの世を去った後、遺産が竜之助の手に渡れば、娘と孫たちが路頭に迷うのではないかと心を痛め、望む通りの遺書を書こうと千世に再三伝えました。しかし千世は、どれほど生活に困ろうと、親の愛に甘えてその死を思い、遺産の希望を述べることはできないと辞退し続けました。菊栄が、隣に住む祖父延寿のもとを訪れようとしたときのことです。

ある年のお正月、私は学校の式から帰るとすぐそのままの粗末な服装で、隣に住む母の父の許へ年始に行こうとした。母は引きとめて着物を着かえて行けという。私は面倒なので渋っていると、最後に母は、「そんな風をして行くと、また娘の着物までなくしたかとお祖父さんが心配なさる。お祖父さんは何もおっしゃらないが、何でも見ていて、どんなに私たちのことを心配していらっしゃるか知れないのだから」といった。母のそういう心づかいをはじめて知り、涙まで浮かべたあまりに真剣な顔色にハッと胸を打たれた私は、早速一番上等な着物に着かえて祖父の前に顔を出したものである。

（山川菊栄「貞女の悲劇」）

千世は、延寿がそうであったように、子どもたちの教育に熱心でした。

その頃は、子どもの読む本も少なく、女の子には新聞も課外の本も読ませない家庭が多かったものですが、私の母千世は、博文館から雑誌「少年世界」が創刊されると、それをとって姉や兄に与え、おかげで私もそのお古を読み習いました。

帝国文庫の『呉越軍談』『漢楚軍談』『三国志』などを姉や兄に毎晩読んできかせ、母が水戸時代、子どもの頃からとりなれた『唐詩選』『古今集』『新古今集』などの詩や歌のかるたをお正月にもちだして、古典に親しませてくれたのも母でした。

私が女学校にはいった年、明治三五年五月、博物館へつれていってくれ、日本の古美術のよさを知らせてくれたのも千世でした。

（『二十世紀をあゆむ』）

夫竜之助が、小学校さえ出せばあとは裁縫でも習わせて嫁にやればよいという意見だったのを、持参金より、嫁入り支度より、一生身につく教育をと譲らず、娘たちを志望する専門学校へ進ませたのも千世でした。娘からすれば、優秀な母が、その能力を十二分に発揮する機会に恵まれず、日々の生活に追われ続けたことは、悲しく残念なことだったでしょう。後に菊栄は、「貞女の悲劇」と題して、母の半生を記しています。けれど、千世は年老いても、新聞や雑誌の政治、学芸欄に目を通し、孫に漢文を教えたり、英語の手ほ

大正10年（1921）左から菊栄、長男振作、母千世

どきをしながら、女学生時代のはつらつとした気持ちを失わずにいました。
私の母は今年八十五、まだモンペばきで庭掃除や草取りもすれば、自分の寝床の始末、肌着の洗濯、着物の出し入れや縫直しはもとより、若い者の着物の洗い張りや、はぎ物つくろい物までやり、耳は遠いが腰も曲らず、歩くに杖も持たない。いつも口癖のように、「身のまわりのことに人手を借りるようになるまでいきていたくない」という。（「貞女の悲劇」）

晩年の母は菊栄にとって、良き先輩であり、話の合う女ともだちのようでもありました。

千世は結婚を機に家庭に入り、母となったわけですが、「賢母の育成」という国策に、自らの人生をゆだね、絡め取られたわけではありません。父延寿が与えてくれた〈知〉の世界がもたらす喜び、知的好奇心を失うことなく、生涯思索の時を大切にしました。

昭和二十二年（一九四七）、千世は九十歳で亡くなります。遺品には次の一首が残されていました。

歩みこし道にさわりのものすべて　わがながき世のかてなりしかも

（歩んできた人生のなかで、障害となったものすべてが、私の長い人生の糧になるものだった）

千世が晩年抱いた感慨は、身に起きたできごとから逃げることなく、自分の意志で人生をきりひらいてきたからこそ到達し得た境地と言えるでしょう。

「悲劇の貞女」に甘んじなかった。そこに千世の気概を思うのは、私だけでしょうか。

参考文献

山川菊栄『おんな二代の記』（一九七二年、東洋文庫）

山川菊栄『武家の女性』（一九八三年、岩波文庫）

松平定信『修身録』（国立国会図書館近代デジタルライブラリー『楽翁公遺書』で閲覧可能）

司馬遼太郎、井上ひさし『新装版 国家・宗教・日本人』（二〇〇八年、講談社文庫）

村上信彦『明治女性史㈠文明開化』（一九七七年、講談社）

山川菊栄『二十世紀をあゆむ ある女の足あと』（一九七八年、大和書房）

山川菊栄「貞女の悲劇」（鈴木裕子編集『新訂増補 山川菊栄集 評論篇 第六巻』二〇一一年、岩波書店）

Vol2 明治新政府にもの申す

皇后の家庭教師 若江薫子《わかえにおこ》（1835～1881）

女丈夫

みなさんは「女丈夫」ということばを、目にしたことがありますか。「じょじょうふ」と読み、「気が強くてしっかりしている女性」を表すことばです。

森鷗外の作品に『津下四郎左衛門《つげしろうざえもん》』という歴史小説があります。幕末の思想家で明治政府の高官となった横井小楠《しょうなん》を刺殺した津下四郎左衛門の息子が、後に鷗外のもとを訪れ、処罰された父の半生を語るという内容です。そのなかに、四郎左衛門ら暗殺者たちの罪を減じるよう嘆願書を書き、刑法知事に差し出した若江薫子という女性が登場します。

鷗外はとくに薫子に興味を覚えたようで、彼女の事跡を詳しく調べています。それによると薫子は、おおよそ次のような経歴の女性のようです。（概要を現代語で示します）

四郎左衛門をかばった薫子は、伏見宮家付きの殿上人で公家であった修理大夫・若江量長《かずなが》の娘だそうである。同じく伏見宮に仕えていた御牧基賢さんが語ったのを聴いたところ、薫子は容貌が醜かったが、気が強くてしっかりしている女性だった。明治天皇の后、後の昭憲皇太后（美子《はるこ》）が、まだ入内する以前、実家の一条家にいらっしゃった時に、薫子は儒学の経典を講義したことがある。私、基賢も、薫子の講義を聴いたことがある。国の政治に意見を述べたために、身を慎むようにと命じられ、罰として、伏見宮家の事務を執り行っていた田中氏に預けられた。後に、道に外れた行いがあったために、知識階級の仲間から外され、世を退くこととなった。

公家のお嬢さんで、美子皇后の家庭教師を務め、男性もその講義を聴講するほどの学識ある女性だったが、暗殺者のために減刑嘆願書を書き、国政にも異議申し立てを行った。そのため罰せられ、しかも過ちを犯して公家の世界から放逐され、ついには京を離れることとなった。何とも波乱の人生、鷗外でなくても、どういう女性なのか、気になります。

さらに鷗外は知人のつてを頼り、若き日の薫子の面影も記しています。

妹の方は普通の婦女で、髪もすべらかしにして公卿の娘らしい風をしてゐたが、姉の方は変つた女で、色も黒く、御化粧もせず、髪も無造作に一束につかねて居つた。男まさりの女で、頻に父に向つて論議を挑んで居つたことを記憶する。父もかういふ女には辟易《へきえき》すると云つてゐた。これが即ち薫子であつただろう。（『津下四郎左衛門』）

容貌が優れず、男性に誘惑されて身を持ち崩し、失意のうちに客死した。この三つは、薫子についてしばしば書かれることです。しかし、当時の資料を辿るのには限界があり、はたしてどこまでが事実かは分かりません。たとえば、祖父母が薫子に接したことがあるという法学博士の猪熊兼繁《いのくまかねしげ》は、当時の公家社会を次のように評しています。

公家仲間はみな冷酷で、同情するより軽蔑するのに慣れ、ついに自らも没落する過程を進んだようである。どこかで「お公家さんの女は賢いが、男はアホや」という声がする。
（『維新前の公家』）

少なくとも、薫子のような女性が歓迎される世界ではなさそうです。好き嫌いはひとまずおいて、命を賭けて国のありかたを訴え続けた薫子とはどんな女性だったのか。歴史の教科書には登場しない「女丈夫」の人生を辿ってみましょう。

建白女《けんぱくおんな》

薫子を写した写真というのは、いままで目にしたことがありません。残されているのは、たとえば次の『続明治烈婦伝』に描かれた姿です。「烈婦」というのは、節操が固く、気性の激しい女性の意味です。尊王家の学者でもあった父の量長《かずなが》から学問の手ほどきを受けた薫子は、秋蘭という雅名をもち、漢詩や和歌にも巧みでした。

父量長にまで「辟易する」と言われるほどの議論好きで、時の政府に、攘夷の意見をしばしば訴え、「建白女」ともあだ名されました。いったん時事を語り出せば、弁論はほとばしり、熱い涙をとめどなく流す。その姿は自他ともに認める「女志士」と言えます。

攘夷説を唱ふれば、人々頑愚固陋《ころう》なりと笑ふを聞きて
おろかとぞひとはいふとも厭ふまじ　心に恥づることしなければ
（秋山吾者『異形の華―若江薫子の生涯―』）

（外国を排撃し、鎖国を維持しようとの説を唱える私を、かたくなで愚か、視野が狭く新しいものを好まないと人々が笑うのを耳にして
愚かだと、人が私を批判したとしても、それを嫌だと避けるつもりはない。なぜなら私は、何ひとつ心に恥じることはないのだから。）

周囲になんと言われようと、自分が正しいと信じたことを貫き通す。しかもそうした信念を、誰はばかることなく口にする。時代は明治へと移り変わっても、生まれては親に従い、嫁いでは夫に従い、老いては子に従うという家父長制度を背景とした「三従の教え」はいまだ根強く、女性たちの考えかたや行動を制限していました。そうした時代に薫子は、「家」という枠組みを飛び越え、天下国家のありようを憂えていたのです。

ところで、激情のままに行動する娘を、父はどう見ていたのでしょう。たしかに量長は、娘の女丈夫ぶりにうんざりでした。けれど実は量長も、真面目で融通が利かない性格

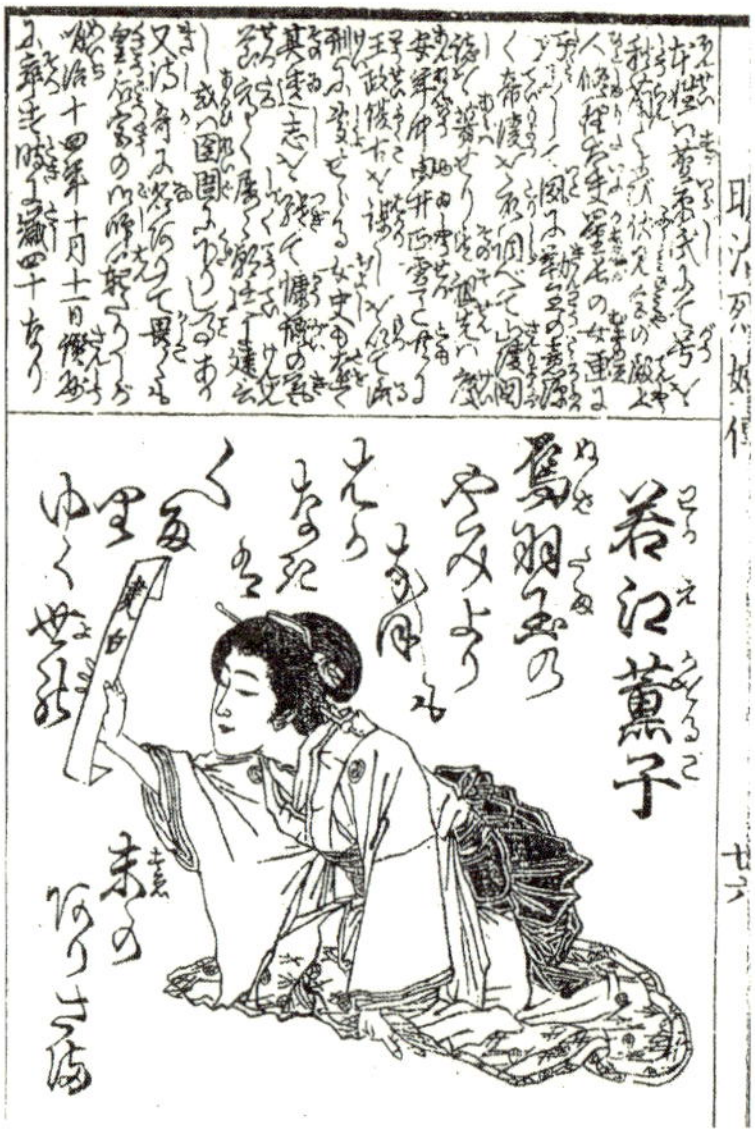

『続明治烈婦伝』（国立国会図書館蔵）

でした。生一本という点で、案外この父娘は、似たもの同士だったように思えます。

量長は、ささいなことで人が「大変」ということばを口にすると、本来「大変」というのは、天下国家の大事に使うべきことばだ、と叱ったそうです。娘の薫子は、まさにその「大変」を、人生の最優先事とする生き方を選んだことになります。

横井小楠の暗殺事件に臨んで、薫子は次のように訴えました。

正義の人は国の元気に御座候間、一人にても戮《ころ》され候えば、自ら国の元気を伐《き》り候えば、国の性命も随つて滅絶仕り候。

（「刑法知事大原老卿へ差出す書」『若江薫子と其遺著』）

ここでの「元気」とは、国や組織が存続するための必須の活力を意味します。尊皇攘夷を訴える薫子にとってみれば、開国を勧めた小楠こそ、「乱臣賊子の巨魁」であり、逆賊を討った津下四郎左衛門らは、むしろ正義の人ということになります。国の行く末を思い、やむにやまれず行動を起こした彼らを処罰することは、結果として日本の国の活力を削ぐことになる、と薫子は主張したのです。

政治的な立場、暗殺という手段の是非はひとまずおいて、国には活力が必要だと説く薫子の姿は重要です。薫子は、国のありようについて、かくあるべきと論じることのできる学問的な裏付けをもった人でした。若き日には、のちに明治政府の要人となった男性たちと机を並べ、彼らをしのぐほどの知識と教養を兼ね備えた女性だったのです。

修学

読書と習字の基礎を父に授けられた薫子は、成長すると、岩垣月洲《いわがきげっしゅう》のもとで漢学を学ぶようになりました。同門には、明治初期に政府の要職を歴任した岩倉具視《いわくらともみ》、岡山の日本原開拓に尽くした安達清風《あだちせいふう》、最後の文人と称された富岡鉄斎《とみおかてっさい》らがいます。

若江家は、伏見宮殿上人という堂上と地下のいずれにも属さない家格で、明治以降、家格上昇の請願運動を繰り返したものの、華族に引き上げられることはありませんでした。経済的にも貧しかったので、薫子は書物を買うことができず、四書（大学・中庸・論語・孟子）五経（易経・詩経・書経・春秋・礼記）はすべて自分で書き写し、暗唱しました。そして

十五、六歳の頃には、中国の経書と歴史書、諸子百家の書のほとんどに目を通し終えたと言います。そうした薫子の様子を、同門の河上市蔵は次のように書き留めています。

月洲先生に従って、学問研究をし、文章の内容を詳しく明らかにする。容貌は醜く、まるで中国の無鹽《ぶえん》や孟光のようである。いま、学問における薫子の名声はもてはやされ、都、田舎を問わずあちらこちらで盛んに伝えられている。人々は褒め称え、秀でた才能をもった女性だと言っている。（「春浦詩存」『明治漢文学史』の内容を現代語訳）

無鹽とは、宣王の夫人となった鍾離春《しょうりしゅん》のこと、国政を助けた女性で、醜女だったとされます。孟光も醜女でしたが、博覧で多くのことに通じていて梁鴻《りょうこう》の妻となりました。孟光は結婚当初、装飾を凝らしたのですが、夫は見向きもしません。けれど質素な身なりになると、まさしく自分にふさわしい妻だと梁鴻は喜んだという故事が残されています。

薫子には、醜女というなんとも容赦のない評言がつきまといます。けれどここで挙げられたふたりの女性は、醜女という共通項だけで引かれているわけではありません。国王も才子も、容貌ではなく、能力や人となりにより、彼女たちを伴侶としたのです。

そして留意したいのは、市蔵による薫子への賛辞です。男性のみが学ぶものとされた漢学、学問の世界で、女性の薫子を認めたのです。同じ月洲門下として、市蔵は薫子を誇りに思っていたようにも感じます。

薫子は十八歳の時、難解とされる文天祥《ぶんてんしょう》の『指南集』に解釈を加えた『指南集釈義』を著し、周囲をあっと驚かせました。文天祥とは、殉国の英雄として慕われた中国南宋の忠臣です。彼が獄中で作ったという『正気《せいき》の歌《うた》』は、日本ではとくに幕末の志士に愛唱されました。薫子も、世の志士を超えるほどに文天祥を慕う、一途な女志士でした。幕府が倒れ、王政が復古したときには心から喜びましたが、西欧に倣い、近代化を急ぐ新政府の方針には怒り、痛烈に批判しました。そして、かつて攘夷論を口にしていた志士が、新政府に登用され、西欧に学ぶのを目にすれと、その変節を非難しました。

大政奉還の年（一八六七）に薫子が著した『杞憂独語』は、王政復古にあたり、朝廷を中心とした国づくりをいかに推し進めていくかを、政治、教育、風俗など、広い観点から記したものです。攘夷思想それ自体は、当時の趨勢からすれば時代遅れに違いありませんが、彼女の主張、なかでも女性に教育が必要との主張は、重要なものでした。

博学広才の人

やがて薫子は自宅で学塾を開き、女子教育に力を注ぐようになります。通ってくる生徒のなかには、左大臣・一条忠香《ただか》の娘の寿栄君《すえぎみ》もいました。薫子と寿栄君との出会いは、万延元年（一八六〇）、薫子二十六歳、寿栄君十一歳のときに遡るとされます。そして出会い

明治５年（1872）美子皇后
（内田九一撮影、明治神宮蔵）

から七年後、薫子が『杞憂独語』を著した年に、皇后選出の議が起こります。

皇族とともに五摂家の子女は、代々天皇の正室になっていました。年齢からすると、候補となる女性は八人いました。白羽の矢が立ったのは一条家で、四女と五女の寿栄君が推薦されました。いずれにするか迷った当時の左大臣・岩倉具視は、薫子に意見を求めたと言われています。岩倉と薫子、ともに岩垣門下という間柄すれば、あり得る話です。

薫子は、深い慈しみと賢さを兼ね備えた寿栄君こそ、天皇の后、国母《こくも》にふさわしいとの意見を述べました。そうした評言が功を奏してか、翌明治元年（一八六八）、美子と改名した寿栄君は皇后となります。

入内に先立つ準備の一環として、薫子は改めて漢学の師に選任されました。和歌、諸礼式、漢学などに秀でていた薫子への信頼は厚かったのです。侍講としての薫子の力量についても、広く学問や知識に通じており、才知にあふれている、と評判でした。後に美子皇后は、薫子があまりにも厳しくて泣いたことがある、と思い出を語っています。相手が誰であろうと、学問の場では容赦はしない、学ぶことにまっすぐな薫子がそこにいます。

手のつけようがない女

薫子がしばしば建白を行い、「建白女」とあだ名されたことは前に書きました。建白自体は、慶応四年（一八六八）、太政官から民衆向けに出された五榜《ごぼう》の掲示でも奨励された行為で、問題となるものではありません。とはいえ薫子は皇后の師です。政治の中枢に関わる者という点で、次第に危険視されるようになっていきます。

横井小楠刺殺事件に際して、暗殺者の罪を減じるよう薫子が上申したことを、明治の元勲のひとり木戸孝允《たかよし》（桂小五郎）は危惧しました。そこで岩倉具視に相談の手紙を送ったところ、岩倉は、薫子は皇后付きの女官ではなく、あくまでも美子が一条家にいたときの師であり、薫子が言い立てる攘夷論などを天皇が採用したりはしないと伝えました。そして薫子を、手の付けようがない女と評し、あわせて、薫子のことはよく知っているので安心するように、とも付け加えました。

『憲政五十年史画譜』岩倉具視
（国立国会図書館蔵）

つまり岩倉は、薫子のことは自分の力でどうにでもできる、押さえ込める存在と、高をくくっていたのです。皇后選出の折、薫子に意見を求めたのは岩倉でした。岩倉は、王政復古を成し遂げるにあたり、中心的な役割を果たした公家です。多くの公家が権力の中枢から遠ざけられたなかで、岩倉は維新の功績により公爵を授けられました。尊皇攘夷派の志士たちからは、奸物《かんぶつ》と、その腹黒さを評されてもいます。そうした状況をふまえれば、岩倉が支持しない女性が皇后になることは考えられません。美子入内の背景にも何かしらの政治的な駆け引きがあったと考えるのが妥当でしょう。薫子による美子推薦は、岩倉により画策された可能性もあります。岩倉の思惑を、薫子がどこまで理解し、協力したかは分かりませんが、少なくとも岩倉は、薫子を意のままに操れる駒と思っていたようです。

岩倉については、第一章で取り上げた青山千世が、明治天皇の父である孝明天皇に仕えた宮中のことに明るい知人の話として、次の挿話を書き留めています。少し長いですが、当時の岩倉評が垣間見えるので、引いてみます。

孝明天皇はかねて岩倉公が大嫌い。公武合体論に追随して和宮の降嫁を強要したのも彼であり、しかも一、二年の後には、たちまち手のひらをかえすがごとくに幕府を朝敵として倒幕の勅令を出せという。「和宮の夫である以上、家茂は私の妹聟ではないか、それを討てとはなにごとだ」と天皇は声を荒げ、岩倉には目通りを許さぬ、御所への出入りも禁ずるとまでいわれた。しばらく引きこもっていた岩倉公がまたぞろのりだして宮中をうろつくと、その姿を見咎められ、「岩倉はなにしに来た？ 誰の許しをえてここに出入りするか」とはげしいお言葉。そのころ天皇は朝夕の食事にも軽々しく箸をつけぬほど用心しておられ、最後の日も風邪か何かで少し熱があり、昼間女官が煎薬をさしあげたときは、キラが浮いていたので手をふれられなかった。が夜中にさしあげた分はのまれたのがいけなかったらしい。あとで皮膚に紫の斑点が出たのでホウソウということにしたらしいが、当時世間に天然痘が流行していたわけではなし、天皇だけそのために亡くなられるとは、と死因をあやしむ者が多く、そのつど岩倉の名が引合いに出るのもふしぎでないと植松伝奏は話したということです。このことは明治初年にはほとんど公然の秘密として多くの人々の口にされ、岩倉のうしろでヒモをひいたのは長州だ、長州人は蛇のような気がする、と私の父竜之助の隊長だった松江藩士もいえば、明治天皇が親の仇と知らずに岩倉公をご信任になる、と歯がゆがった人もありました。

（『おんな二代の記』）

事の真偽は分かりませんが、宮中での暗躍が噂される人物でした。同門とはいえ、薫子の処遇など、自分のさじ加減ひとつという傲慢さをもつ権力者だったわけです。

さて、薫子に話を戻しましょう。その後、誰の指示によるものかは分かりませんが、明治二年頃、薫子は参内を禁じられました。そして明治三年、前述の横井小楠暗殺事件に関連して京都府に拘留され、翌年に下された判決により、自邸に幽閉されました。二年後には放免されたものの、しばらくの後、薫子は、生まれ育った京を離れることになります。

『杞憂独語』

大政奉還、そして皇后選出が取りざたされた慶応三年（一八六七）、薫子は『杞憂独語』正編を著します。そこで薫子は、宮中に入る女性は、「閨門箴誡《けいもんしんかい》の書」（家庭内での行儀作法、風儀や戒めを記した書）を読むべきと主張しています。以下、『若江薫子とその遺著』所収の『杞憂独語』の内容を読みやすいように、現代文で紹介してみます。

第十三　宮中に入る女子に婦道を教えること

宮中に選ばれて入る女性には、とりわけ婦人の道を教え、「閨門箴誡の書」を読ませるのが良い。幼い女子に、急に漢文で書かれた四書五経や歴史書を読ませようとすれば、骨が折れるばかりで、役に立つところは少ないはずだ。いま、世俗でもてはやされている貝原篤信（江戸時代の儒学者、貝原益軒のこと）が書いた『女大学』や、かなで書かれた女訓の書物は数種ある。あるいは、中村惕斎《てきさい》（江戸時代の儒学者）が書いた『姫鑑』などは、女性として備えるべき道徳を、詳しく隅々まで説いていて、とても理解しやすい書物である。これらの書を女性に読ませ、女性で多少なりと学問の覚えのある者に付かせて、学ばせるのが望ましい。才知と学問のある女性のなかにも、腹黒い行いをなす者は、時々現れるけれども、十人中八、九人までは、婦道を知らず、我がままで意固地、したい放題の悪い行いをする者である。初めて宮中に入るときは、わずかひとりの女子の、ちょっとした善悪など、他の人の目には見えづらく、また、年端も行かず幼い時ならば、成長したところでどれほどのことをする力があろうと思うだろうが、ひとたび天皇の寵愛を受け、宮中の権力を専有したときには、他の女性たちに妬みや憎しみの感情を抱き、自分腹ではない天皇の世継ぎをそこない、個人的なことで人に面会し、頼み込むなど、天下を乱すこともある。こうした前例は、外国の宮中ばかりではない。我が国の宮中においても、平安時代に、平城上皇の愛妾であった尚侍《ないしのかみ》（天皇の側近くに仕えた女官）藤原薬子《くすこ》や、後醍醐天皇の寵妃・阿野廉子《あのやすこ》（康子）など、天下を覆した。最も畏れはばかる女性たちである。

女性、なかでも宮中に入り、天皇の側近くに仕える女性たちの教育について述べています。女性だからと言って、たいしたこともできはしないと、軽く見てはいけない。なぜなら彼女たちの心がけが悪ければ、それは結果的に国の乱れに繋がるからです。こうした考えもつ薫子に婦道をたたき込まれたのが、皇后美子でした。

美子が入内した当初の宮中の様子は、青山千世が女官から聴いたという次の話が参考になるでしょう。

梶の命婦の話でも、何かにつけ女官同士の競争とそねみあいはものすごいものだそうでした。皇后が病身で子がないところから、誰が皇子を生むかが問題で、女官に子供ができても無事に生めないように、朋輩があらゆる妨害を加えることは、『源氏物語』の時代そっくりらしく、明治天皇に幾人皇子があってもただ一人のほか育たず、その一人も病弱だったのはふしぎでないということでした。ただ皇后だけは女大学そのままの貞女で、妊娠中の女官までもいたわられたが、他の女官の風当りはひどかったということ。また問題を起さないために、皇后だけは美人をえらぶが、女官には美人をおかず、美人でないことが採用の条件になっているという話でした。

陰湿な権力争いに明け暮れる女官たちに囲まれた宮中で、皇后の苦労はどれほどのものだったことでしょう。薫子の教えとその厳しさは、美子の精神を強く鍛えるものでした。そして薫子は、一般の女性に向けても教育の重要性を説きます。（現代語訳で示します）

（『おんな二代の記』）

第十四　一般の女性の学問のこと

宮廷に仕える女官ではなく、普通の女子であっても、それぞれの身の程に応じて、女性としての守るべき道を教えなければいけない。男性と女性がともに正しくあることは、この世界の重要な意義であり、夫が夫として正しくあったとしても、妻が妻としてのあるべき道を踏み外したときには、家は成り立たない。妻の守るべき徳義は、些末なことではない。今、世間の身分ある人の娘を見ると、まだ、簪《かんざし》が挿せるほどの髪にもならない幼い時から、誰かの妻として嫁ぐまで、ただただ化粧を巧みにし、見た目の美しくあることだけに熱心か、あるいは、管絃、和歌、習字ばかりをひたすら教え、妻としてふさわしい道を学ぶ者はめったといない。これはいかにも嘆かわしいことである。

ここでいう「婦道」「婦徳」とは、儒教思想に基づく考え方で、それはたとえば「三従」の教えや、「貞女」を女性の理想とするありかたを思い起こさせるものです。妻は妻、夫は夫、それぞれにかくあるべきというのは、二十一世紀の現代からすれば、古くさい教えと言いたくなるものでしょう。

けれど、見た目の美しさ、外面を取り繕うだけで果して良いのか、という薫子の問いかけは、現代の女性にも通じるはずです。管絃も和歌も習字も、身につけておくに越したことはありません。そうした情操教育はもちろんたいせつです。けれどここで薫子が主張したのは、精神を錬磨し、優れた人格となるよう努めることのたいせつさでした。人としてふみ行うべき軌範、内面的な倫理道徳、それらを自身の生きていく上での指針として、人生で出会う困難を乗り越えていく力です。何が正しくて、何が間違っているのか。善悪の基準は、時代や社会の変化によって、必ずしも同じとは限りません。けれど、他家に嫁ぎ、一家をつつがなく維持していこうとする女性には、心のよりどころとなる学びは不可欠であると薫子は説いたのです。

『女四書』と『和解 女四書』

幼き日より薫子に学んだ美子は、皇后となったのち、自身の行動の規範や根拠にしばしば『女四書』の例を挙げました。ここでいう『女四書』とは、中国の四つの女訓書を編纂した『女四書集註』をさします。日本では十七世紀半ばに、辻原元甫《つじはらげんぽ》という儒学者が四書のうちの一書を差し替えて意訳、要約し、和文『女四書』として紹介しました。そこに登場する女性たちは、『源氏物語』や『伊勢物語』に登場する女性像とは異なります。皇帝の妻として理想的な生き方をした中国の聖皇、賢女たちです。

やがて幕末になり、幕府直轄の昌平坂学問所が女性教育を再構築しようとしたとき、昌平坂学問所に学んだ加賀藩士で、辻原版『女四書』に批判的だった西坂成庵《にしざかせいあん》が、『女四書集註』に訓点と頭注を施した『校訂女四書』を刊行しました。この西坂版こそが、つねに美子皇后の傍らにあった『女四書』です。美子は、意訳、要約ではなく、より原書に近い内容を学びました。十二、三歳の頃には、付された訓点は目障りだと言って、胡粉（日本画に用いる白い顔料）で消させ、白文の状態にして愛読したと言われています。美子を『女四書』に慣れ親しませたのは薫子です。薫子にとっても『女四書』は特別な書でした。

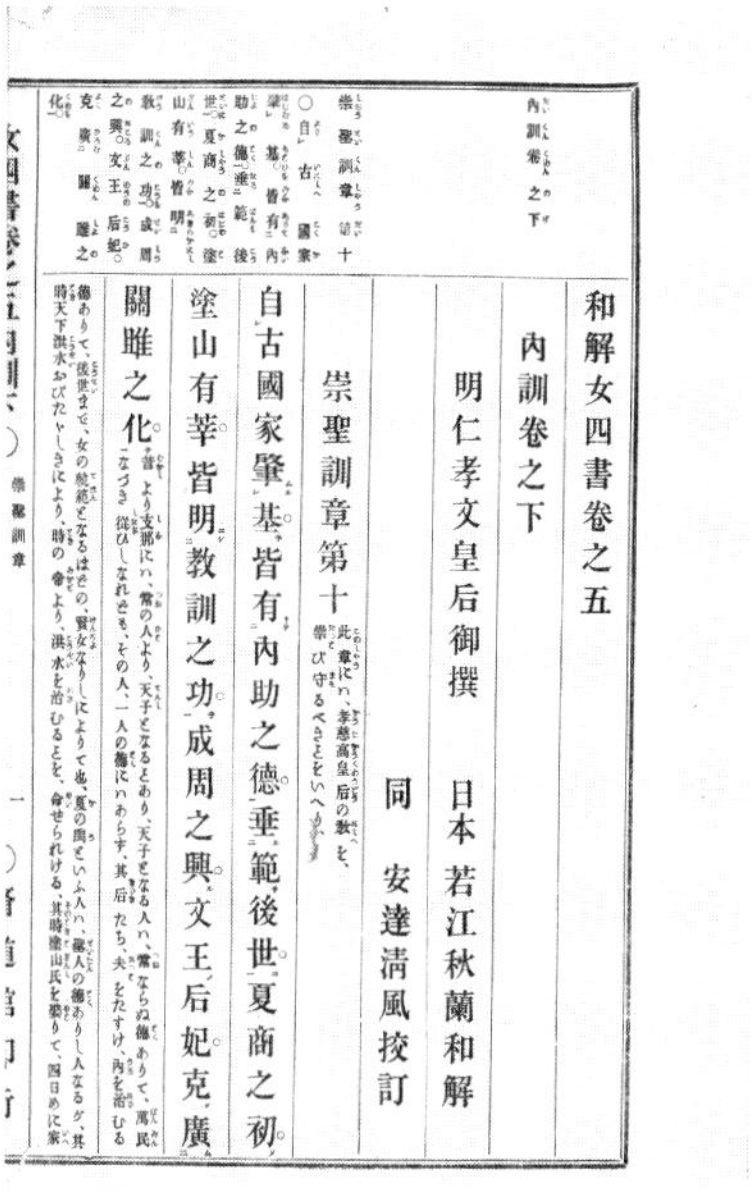
和解女四書巻之五
内訓巻之下
明仁孝文皇后御撰
日本 若江秋蘭和解
同 安達清風挍訂
崇聖訓章第十
自古國家肇基皆有内助之德垂範後世夏商之初塗山有莘皆明教訓之功成周之興文王后妃克廣關雎之化

『和解 女四書』

横井小楠暗殺事件に連座した薫子が、幽閉を解かれるのと相前後して、父の量長は世を去りました。美子も遷都により、すでに東京の人となっていました。若江家を継がそうと迎えた養子も、家の再興どころか没落を早める始末で、そりの合わなかった薫子は、住み慣れた京を離れることになります。多度津などで、地元の女性たちを集めては、和歌や『女四書』の講義を行いながら、明治十一年（一八七八）正月、丸亀に落ち着きます。ここで薫子は、一般にも理解しやすいようにと、『女四書』初の和文注釈書である『和解 女四書』を書き上げることになります。

虫の知らせでしょうか。まだ原稿を完成させていないにもかかわらず、出版を思い立った薫子は、同門の安達清風のもとを訪ね、次のように訴えました。

人生朝露のごとし。われ孑然《けつぜん》、依《よる》なし。此書、平生心血の注ぐ所。子、余が為に刊行せよ。（安達清風「例言」『和解 女四書』）

（人生は朝露のようにはかない。私はひとりぼっちで孤独、頼れる人もいない。この『和解 女四書』は、日頃から心血を注いできた書。あなた、どうか私のためにこの書を出版してほしい。）

ともに机を並べ学んだ若き日、その学識を賞賛された薫子も、いまはひとり流浪の身です。願うは自著が世に出ること、広く人々に読まれることです。

明治十六年、清風は、皇族で左大臣も勤めた有栖川宮熾仁親王《ありすがわのみやたるひと》に題字を、漢学者の重《しげ》野安繹《のやすつぐ》に序を、そして自らは例言を記し、『和解 女四書』を世に送ります。清風は、薫子の悲願に、友情をもって応えたのです。けれどこのとき、すでに薫子はこの世の人ではありませんでした。明治十四年十月十一日、薫子は、『和解 女四書』の出版を待つことなく、四十七年の生涯を閉じていました。

見守られて

時は流れて大正三年（一九一四）、昭憲皇太后《しょうけんこうたいごう》（美子）崩御の知らせが丸亀に届きます。皇后の遺徳が称えられるなか、美子の師であった薫子の存在も話題となりました。このとき丸亀で書店を営んでいた藤田徳太郎は、薫子の功績を世に知らせることこそ、丸亀に生まれ育った自身の責務と考えるようになります。

徳太郎は、埋まっていた薫子の墓碑を見つけ出し、「若江薫子女史表彰会」を設立します。そして、墓所の保存と遺墨編集事業に取りかかりました。徳太郎が集めた資料をもとに、梶原猪之松は、『若江薫子と其遺著』を編み、同書は香川新報から刊行されることになりました。丸亀での販売はもちろん、藤田書店がこれを取り扱いました。薫子の生涯と、遺著となった『杞憂独語』『和解 女四書』を収めた同書は、五百ページ近い大著として上梓されました。

昭和三年（一九二八）、かねてより徳太郎らが上申していた薫子への贈位が、中央政府によりようやく認められました。正五位を追贈され、ここに晴れて薫子の名誉は回復されたのです。徳太郎の手で「勤王忠誠贈正五位若江薫子女史之墓」と彫られた標柱が建てられ、薫子の小さな墓碑も台石の上に据え直されました。いまも丸亀市何条町には、道沿いに標柱が残り、そこから十メートルほど奥の玄要寺墓地に、やや傾いた薫子の墓碑を認めることができます。

薫子が晩年、自身の世話をしてくれた人に贈ったとされる詩があります。

放鶴

一声告別去塵寰
碧海蓬山好往還
他年縦有乗軒寵
不願終身託籠鳥《間カ》

一声別れを告げて塵寰《じんかん》を去る
碧海蓬山往還する好し
他年、縦《たと》ひ乗軒の寵有るも
願はず、終身籠間に託さるることを

（『異形の華—若江薫子の生涯—』）

（鶴はひと声別れを告げて、汚れた俗世間を去って行く。碧海や蓬山の上を往還するのは好ましい。別なとき、大夫となって、権力の世界での寵を手に入れたとしても、人生すべてをそうした籠のなかで過ごすことを願いはしない。）

かつての薫子を知る者にとっては、丸亀に暮らす薫子は、哀れな存在に映ったかもしれません。けれどこの詩を読む限りは、権謀術策渦巻く世界に戻りたいとは、薫子は思っていなかったように感じます。同門には、薫子を利用する岩倉のような男もいましたが、薫子の学才を認め、友情を返してくれた男たちもいました。清風に、我が身の孤独を嘆いた薫子でしたが、彼女は決して孤独ではなかったのです。

現地調査の折り、玄要寺を訪ね、墓碑を写真に収めていた私に、「歴史探訪ですか」とひとりの女性が声をかけてくれました。うかがうと、近くにお住まいとのこと。しばし言葉を交わした後、お墓に供えられた花が気になった私は、ひとり丸亀の地にたどり着いたはずの薫子に、縁者があるのかと尋ねました。すると彼女は、「わたし。うちの庭に花が咲いたときだけね」と、悪戯っぽい笑顔で応えてくれました。薫子はいま、百年

標柱の右手奥に墓石

を経てもなお、花を手向けてくれる心優しき人のいる丸亀で、静かに眠っています。

参考文献

森鷗外『津下四郎左衛門』（『鷗外歴史文学集 第三巻』一九九九年、岩波書店）
猪熊兼繁「維新前の公家」（『明治維新のころ』一九六八年、朝日新聞社）
秋山吾者『異形の華 ─若江薫子の生涯─』（二〇〇〇年、私家版）
梶原竹軒編纂『若江薫子と其遺著』（一九一七年、香川新報社。国立国会図書館近代デジタルライブラリーで閲覧可能）
三浦叶『明治漢文学史』（一九九八年、汲古書院）
山川菊栄『おんな二代の記』（一九七二年、東洋文庫）
若江薫子『和解 女四書』（国立国会図書館近代デジタルライブラリーで閲覧可能）
藤田徳太郎『贈正五位若江薫子 にほふ白菊』（一九二九、私家版）
三田村鳶魚著・朝倉治彦編『江戸人物談義』（一九九八年、中公文庫）
辻ミチ子『女たちの幕末京都』（二〇〇三年、中公新書）
関口すみ子『御一新とジェンダー 荻生徂徠から教育勅語まで』（二〇〇五年、東京大学出版会）
松田敬之『次男坊たちの江戸時代 公家社会の〈厄介者〉』（二〇〇八年、吉川弘文館）

女性と手紙

樋口一葉のかくれたベストセラー

『通俗書簡文』

手紙を書く女性

あなたは「三従」ということばを耳にしたことがありますか。「三従」とは、幼いときには父に従い、結婚したら夫に従い、年老いたら子(息子)に従いなさい、という女性に向けた道徳的な教えを表すことばです。もともとは儒教の教えで、日本でも古くから女性教育の場で用いられてきました。そして明治時代に入っても、この教えはしっかり生きていました。

たとえば明治十三年(一八八〇)出版の『新撰増補女大学』には次のようにあります。

夫の許しを承けざれば、何方へも行くべからず。私に人へ饋《おくりもの》すべからず。一々夫に問うて送るべし。他の許へ用あるも、自らは音信ず、大概伻《つかい》を以て為べし。

夫の許可がなければ、外出もだめ、自分の判断で贈り物をしてもだめ。妻が外の世界と関わろうとすれば、何から何まで夫の許可が必要、本当に不自由です。嫁ぐ前の娘時代も、夫の代わりが父親だっただけで、行動が制限されていた

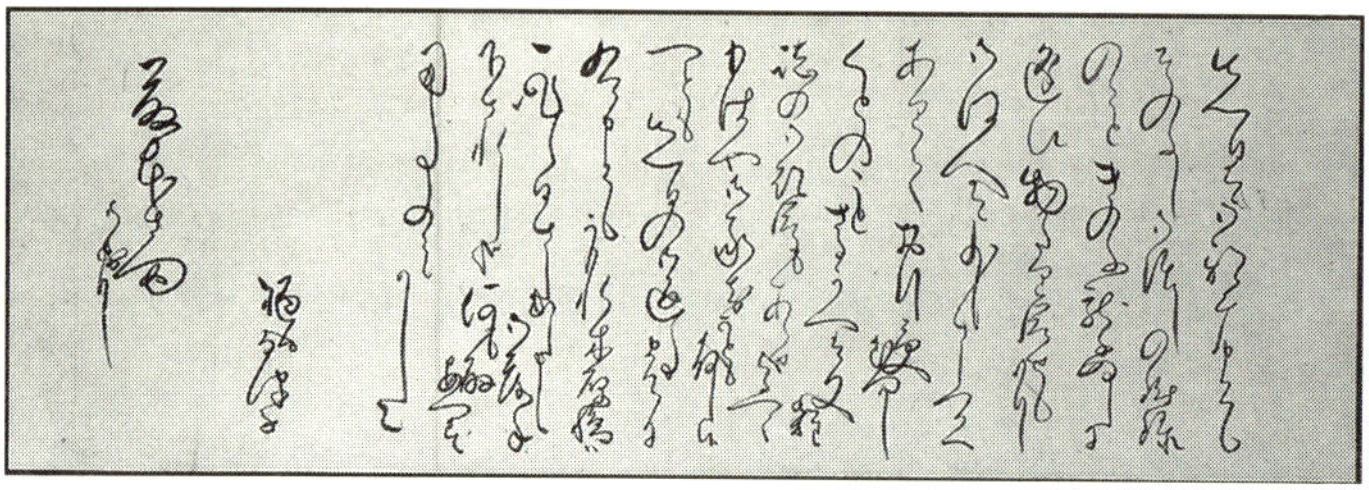

一葉が藤本藤陰に宛てた明治25年10月の書簡（台東区立一葉記念館蔵）

ことにかわりはありません。いずれにしても、女性は「家内」の存在だったのです。

さてこうした時代に、女性が外の世界と繋がる手段のひとつは、手紙でした。近しい人に個人的な思いを綴ることもあったでしょうが、一家を切り盛りしていく妻、他家に嫁いだ嫁にとっては、親戚や夫の友人知人と円滑な人間関係を維持する有効な社交術として、手紙は力を発揮しました。そして当時のそれは、必ず「型」に従って書く必要がありました。季節の挨拶、お礼やお見舞いなど、その時宜にあった手紙を書けることが、女性に求められた能力であり、教養でした。

美子皇后に仕え、のちに実践女学校（実践女子大学の前身）を創設するなど明治期の女子教育に力を尽くした下田歌子は、「無学の人の手紙」と馬鹿にされないために、まずは「型」を学べと説いています。この「型」を学ぶための教科書が「文範」です。

明治二十年から三十年にかけて出版された女子書簡文範七十六冊を調査した菅聡子は、その特徴を次のように指摘しています。

すなわち、近世の女子用往来が、訓戒、或いはさまざまな知識の教授と、書式の教授の2つを兼ねていたのに対し、明治期のものにおいてはそれが分業化し、目的別使用が容易となり、合理性・実用性が増しているのである。
（「明治の女性と書簡―一葉『通俗書簡文』の周辺」）

七十六冊という数にまずは驚きませんか。それほどまでに、多くの女性による需要があったことになります。出版社の側からすれば、このジャンルでヒットを出せば、ドル箱となるわけです。ここに目を付けたのが明治二十年（一八八七）創業の出版社、博文館です。

博文館は、中流以上の読者層に向け、「日用百科全書」シリーズの一冊として、明治二十九年『通俗書簡文』を出版しました。「凡例」には、刊行の目的が次のようにあります。

方今世に行はるゝ所の消息文を見るに、国学者は徒らに雅に流れて、文に奇骨なく、洋学者は一向《ひたすら》に直訳体に偏して、所謂閑雅の情に乏し。茲《ここ》に本書を編するものは、雅に流れず、俗に偏せず。期する所、和と洋とを一団として年少子女の為に、少くも其好機模範たらしめんとするにあり。

いま世間一般で行われている手紙を見ると、国学者も洋学者もいまひとつ、「雅に流れず、俗に偏」ることなく、年少子女にとって良き模範となる一書をめざすとうたっています。ここでの「通俗」とは、日常つかうことばによる文範というほどの意味でしょう。型は型として、けれど雅語に走らず平語を用いて意を尽くす。言うのは簡単ですが、書き手には高度な筆力が求められます。

ここで博文館が白羽の矢を立てたのが、明治を代表する作家の樋口一葉でした。一葉と言えば、『たけくらべ』『にごりえ』『十三夜』といった作品が、代表作として真っ先に上げられますが、実は『通俗書簡文』こそ、まさに正真正銘、当時の大ベストセラーとなった彼女の作品でした。明治期に限っても、同書は三十余版を重ねました。けれど一葉は、発行と同じ年の十一月、結核によりわずか二十四歳でこの世を去ります。手がけた本書が好評を博し、長く人々に愛されたことを、一葉が知ることはありませんでした。

ところで、第一章で取り上げた青山千世が、明治八年（一八七五）進学のために上京し、初めて住んだのは旧柳沢邸の一角です。その同じ邸内で、明治五年に生まれたのが、樋口夏子、後の一葉です。一葉もまた、大いなる向学心を抱いた少女でした。けれど、母多喜の、「女子に学問は不要」という考えにより、小学高等科第四級を終えたところで退学を余儀なくされました。そして二度と、女学校進学の夢が果たされることはなかったのです。

ハーバート・G・ポンティング、長岡祥三訳『英国人写真家の見た明治日本 この世の楽園・日本』（二〇〇五年、講談社学術文庫）
下田歌子『三體女子消息文』（一九一一年、博文館）
菅聡子「明治の女性と書簡—一葉『通俗書簡文』の周辺—」（『お茶の水女性大学女性文化研究センター年報』一九八八年）
樋口一葉『通俗書簡文』（『日用百科全書 第十二編』一八九六年、博文館。国立国会図書館近代デジタルライブラリーで閲覧可能）
榊原千鶴「女子用書簡文範の鼇頭と軍記物語—『通俗書簡文』を手がかりとして—」（日本文学協会編集・刊行『日本文学』二〇一一年七月）

Vol3

近代女性の「鑑《かがみ》」となる

宮中のたましい 美子《はるこ》皇后（1849～1914）

憲法発布式之図（宮内庁宮内公文書館蔵）

宮中のたましい

明治二十二年（一八八九）二月十一日、大日本帝国憲法発布のこの日、新設の玉座で詔勅を朗読する天皇の傍らには、ダイヤをちりばめた王冠をかぶり、バラ色のローブ・モンタントに身を包んだ美子《はるこ》皇后が控えていました。

明治十八年、初代内閣総理大臣となった伊藤博文《いとうひろぶみ》は、日本の近代化、文明化を視覚化することが重要と考え、皇后の洋装化を進めようとします。けれど急激な西洋化を嫌った天皇は、なかなか許可しません。天皇自身、髻《もとどり》（頭の頂点で束ねた髪）を結い、淡く白粉を塗り、公の場では洋装でも、私的な場では和装で通していました。

天皇が断髪した明治六年、皇后も洋装化に先立ち、眉墨、お歯黒、白粉《おしろい》を止めています。そして明治十九年、天皇がようやく皇后の洋装を許可すると、皇后は洋装で華族女学校に行啓し、翌二十年には新年儀式にも洋装大礼服で臨みました。伊藤はドイツの宮廷侍従であったフォン・モール夫妻を日本に招き、宮中の習俗や儀礼の国際化に取り組みます。

当時、ドイツに注文された皇后の大礼服は総額十三万円、かたや総理大臣の年俸は一万円、鹿鳴館の総工費は十八万円だったと言います。費やされた金額の大きさを思えば、皇后の洋装化はまさに、国家事業として行われたことが理解できます。宮中の西洋化を急ぐ伊藤に対して、むしろモールの方が日本画や和装を好み、皇后や女官の洋装にも反対で、伊藤と対立しています。モールは、宮中の様子について、次のように記しています。

もともとヨーロッパ人を拘束している宮中の環境は、実は皇后をも拘束している。皇后にはある程度の自由すらなく、式部官や宮中女官の意のままになられていることが見逃されることはない。このことはおそらく皇后が西洋式の立居振舞に自信がおありにならないことによっても説明できるであろう。

（『ドイツ貴族の明治宮廷記』）

宮中での生活、しかも性急な西洋化が、皇后に負担を強いたことは想像に難くありません。けれど美子皇后は、その人柄により、多くの人から敬慕される存在でした。

皇后はこよない愛想のよさを高い知性と結びつけられており、皇后すなわち女性の支配者の名のとおり宮中のたましいである。小柄で華奢ながら皇后としての威厳に欠けるところは全くない。純粋に和風の皇后のご教養のほどはおそらくすばらしいものがあろう。おひまなとき皇后は、詩歌、芸術、それに植物のご研究にはげんでおられる。

（『ドイツ貴族の明治宮廷記』）

こうした賛辞は外国人に限ったものではありません。後に、日本初の公害事件とされる足尾銅山事件を告発し、明治天皇に直訴しようとした田中正造も、この式典には栃木県県議会議長として参列していました。その田中も、美子の姿に圧倒され、皇后あってこそ日本の国は初めて治まる、との思いを抱いたと語っています。

式典を終えた天皇と皇后は、ひとつ馬車に乗り、祝賀パレードに向かいました。憲法発布の意味も分からず、「年明けには憲法さまのお祭りがあって、その日は天子さまが絹布《けんぷ》（憲法）の法被《はっぴ》（発布）を下さるそうな」などと喜び騒いでいる者たちも、このふたりの姿には感激しました。

英語教師として来日中だったアリス・ベーコンは、天皇と同乗する皇后の存在こそ、日本女性たちに大きな進歩をもたらすものだと書き留めています。そして、次のような提言もしています。

天皇のこのような行動は確実に日本女性にとって新しい、より良い時代の到来を示し

天皇陛下皇后陛下行幸国儀式鹵簿《ろぼ》御馬車ノ図

ている。妻や母親としての女性の立場が改善され、安定したものにならなければ、西洋文明の持つもっともすばらしく優れた側面に向かって、日本がこのまま進歩していくことはできないだろう。日本の女性がその知性と道徳観にふさわしい立場を家庭で獲得するには、欧米での生活を経験した男性たちが留学から帰国して、法律を改正し、女子教育を充実させると同時に、女性の立場に関する世論を替えていかなければならない。

（『明治の日本の女たち』）

ベーコンは、法整備の重要性を言い、「日本の妻の立場には理論的な問題がある。いまだに与えられていない諸権利を、法律が保障するようになるまで、問題は解決されないだろう」とも指摘しています。

実際、このとき公布された大日本帝国憲法の内容を思えば、ベーコンの指摘の妥当性が理解できます。大日本帝国憲法はアジアで制定された初めての憲法ですが、女性の地位という点からすれば、男女平等にはほど遠いものでした。女性には参政権をはじめとする政治的権利は認められず、「家制度」のもと、財産は夫の管理下におかれ、法律上も妻は無能力者とされました。憲法と並行して作成され、同日に裁定された皇室典範においても、女性による皇位継承は否定され、一夫一婦多妾制も容認されています。

沿道の人々が眼にしたふたりの姿は、日本の近代化の象徴として演出されたものでした。モールは、その舞台裏を次のように記しています。

天皇、皇后が公式に平等だなどということは日本流の考え方によればありえなかった。天皇はお妃の皇后より高い地位におられた。そうしたことからしてもご夫婦が一緒に登場されることは、できるかぎり回避された。天皇が皇后と同じ宮廷馬車に乗られるような事態は西洋の風習への大譲歩であるように思われた。

(『ドイツ貴族の明治宮廷記』)

そしてモールは、「日本古来のならわしと洋式の作法」との激しい衝突や、和式と洋式の真っ向からの対立があったこと、けれどそうした環境の中でも、「宮中全員にとって皇后美子は、共感を呼ぶだれからも尊敬される女主人であられた」と記しています。「宮中のたましい」といわれた美子は、その生涯をかけて、自らに課せられた役割を果たそうとしたのです。

改革の担い手として

美子、後の昭憲皇太后は、五摂家のひとつである一条家に、左大臣忠香《ただか》の三女として生まれました。はじめの名を勝子、富貴姫といい、明治元年の入内に際して美子と改めます。ときに天皇十七歳、美子十九歳。鼻筋が通っていたからか、勝ち気な性格だったからかはわかりませんが、天皇は美子に「天狗さん」というあだ名を付けていたそうです。

美子の父の忠香は、一橋《ひとつばし》（徳川）慶喜《よしのぶ》とも婚姻関係にあり、公武合体による皇室の繁栄を願う公家でした。幼い時から、若江薫子《わかえにおこ》らに漢学を、近衛忠煕《このえただひろ》らに和歌を、有栖川宮《ありすがわのみや》熾仁《たるひと》らに書を学んだ美子は、才色を兼ね備えた女性に成長していきます。入内の話が持ち上がり、岩倉具視から意見を求められた若江薫子が、万民が「国母《こくも》」として仰ぎ見ることができる女性は美子をおいてほかにないと応えたことは、第二章に記したとおりです。

維新後、西洋をモデルとした近代国家をめざすなかで、日本政府が最も急いだのは宮中の改革でした。それまでの天皇は、公家出身の女官たちに取り囲まれ、外部との交渉も女官を通じて行われていました。公家でさえ、彼女らを飛び越えて天皇に近接することは難しかったのです。そこへ、天皇による政治をめざす薩長尊王攘夷派が介入しようとしたわけです。まだ幼かった天皇を間に、女官と政府の要人たちとの軋轢は激化しました。

大久保利通《おおくぼとしみち》が、明治元年に、公家の三条実美《さんじょうさねとみ》、岩倉具視に提出した「宮廷改革に関する意見書」の第一項には、女官たちの出入りを禁じた御学問所で、天皇は政治を執り行うべきとあります。宮中の改革には、天皇を女官たちから切り離し、「女権」を一掃することが必須と考えられたのです。このとき改革の担い手として期待されたのが、美子でした。

ところでみなさんは、宮中ではなく徳川家の大奥で、政治上の大役を課せられた女性がいたことを覚えてらっしゃいますか。薩摩藩主・島津斉彬《しまづなりあきら》の養女として徳川家定《とくがわいえさだ》に嫁いだ篤姫《あつひめ》、後の天璋院《てんしょういん》です。斉彬は篤姫を介して、一橋慶喜の将軍擁立を画策していました。この時、斉彬の命を受け、大奥で密かに動いていたのが、大久保と同じ薩摩藩出身の西郷隆盛《さいごうたかもり》です。大久保、西郷とともに、「維新の三傑」と称された長州藩出身の木戸孝允《きどたかよし》が、美子の師である薫子の動きを憂慮していたことは、第二章でふれたところです。彼らは、政治に関与しようとする女性たちを警戒しつつ、けれど宮中の改革には女性を利用しました。

侍講進講（明治神宮聖徳記念絵画館蔵）

明治元年の婚儀では、慣例を破り、美子は初めから女御ではなく皇后として入内します。それは、数百年続いた宮中の女権への挑戦でもありました。翌年十月、美子は、京都を出て東京へと向かいます。やがて、新政府により幹部の女官たちは罷免され、長く続いた組織は解体されました。数度にわたる改革を経て、宮中の権力はひとり皇后が掌握する体制が整えられていきます。このとき美子に求められたのは、「女権」を振るうことなく、新しい近代国家にふさわしい「国母」としての皇后となることでした。

国母として

明治四年の宮中改革案では、皇后はじめ女官たちは、和漢洋古今のおおよそを理解する必要があるとして、侍読《じどく》（天皇・東宮に仕え、学問を教授する学者）が天皇に進講する際の同席が許可されました。美子はここで、『西国立志編』『輿地史略《よちしりやく》』『古事記』『列女伝』『帝鑑図説』などを、福羽美静《ふくばよししず》、加藤弘之、元田永孚《もとだながざね》らから学びます。

美子はこのころ、岩倉具視を特命全権大使とする一行とともに渡米する女子留学生五人に会っています。美子は彼女らに向けて、学業を修めて帰国したあかつきには、「婦女の亀鑑《きかん》（模範）」となれるよう、日夜勉学に励めと餞《はなむけ》のことばを贈っています。留学生のひとり、当時最年少の六歳だった少女が、帰国後、女子英学塾（現在の津田塾大学）を創設し、日本の女子教育に貢献した津田梅子であることは、よく知られるところです。

美子自身は、生涯海外に出ることはなかったものの、西欧に学び、とくにドイツ皇帝皇后兼プロイセン王国国妃アウグスタを模範として、教育の奨励、病人の看護、赤十字の活動などに積極的で、外国王侯たちとの交流にも尽くしました。憲法発布の準備段階として、オーストリアでシュタインに学んだ侍従の藤波言忠《ふじなみことただ》が、憲法学や国家学を天皇に進講した折にも、美子は三十三日に及んだ講義すべてに同席しています。

述懐

外国《とつくに》のまじらひ広くなるまゝに　おくれじとおもうことぞそひゆく　（明治二十一年）

（『昭憲皇太后御集』）

立憲国家への歩みのなかで、見聞を広めるにつれ、西欧の列強に遅れまいとの思いは募り、近代国家の皇后にふさわしい女性であろうと美子は自らを駆り立てていきます。しかし元田が美子に説いたのは、「夫婦の和」と「宮中の和」のたいせつさでした。

夫婦が仲良くあることに問題はないように思えますが、実際には一夫一婦多妾制を前提

美子皇后に仕えた女官たち
（中央の柳原愛子は、明治天皇の典侍で、大正天皇の生母）

として「夫婦の和」です。天皇と美子のまわりには、妾や女官たちがいます。しかも天皇と美子は子どもをなしませんでした。侍妾制が厳守され、跡継ぎの出産を女性たちが競う宮中で、その和が乱されないよう目を配り、女主人として宮中をまとめていく手腕が、美子には求められたのです。しかも皇室典範では、皇后を他の皇族と同じく人臣に位置づけ、皇族順位でも皇后は皇太后より下位でした。天皇を家長とする「家」のなかで、内助の功に励む妻であること、さらに近代化する日本の母であることも求められたのです。

美子の心中はどのようなものだったでしょう。このとき美子の内面を支えていたのは、薫子よりたたき込まれた『女四書』、なかでも『内訓』の教えでした。女性にとっての悪徳は、怠惰と嫉妬であるとして、継子を慈しむ母を、それは理想としています。『女四書』は中国の女訓書ですが、君に仕えて内助を尽くし、母儀（母と

若江薫子『和解 女四書』

しての模範）を天下に著し国母たれと説く『内訓』こそ、美子にとって指針となる一書でした。実際、儲君《ちょくん》（跡継ぎ）となり、美子の実子として育てられた嘉仁《よしひと》（後の大正天皇）は、事実を知らされるまで、美子を生母と信じて疑わなかったと言われています。

ドレスを身に纏い、西欧に多くを学ぼうと努めた美子の精神的支柱が、儒教の教えに基づく『女四書』であり、それを教え授けたのが尊皇攘夷思想を堅持した薫子だったことは皮肉です。けれど美子自身は、水戸徳川家との繋がりや、福羽美静、香川敬三といった水戸学に深く関わる側近たちの影響もあってか、尊皇の志士たちを身近に感じていました。

明治二十三年四月、美子は吉野を訪れ、建武の昔の忠臣、さらには後醍醐天皇らの陵に詣で、南朝の遺跡や、世に「櫻井の別れ」として知られる楠木正成、正行《まさつら》親子の遺物を前に往事をしのびます。そして、教育勅語が発布された十月には、維新勤王の発祥地である水戸を訪れています。

夜半、徳川斉昭《とくがわなりあき》が創設した好文亭で二時間近くを過ごしたのち、燈火《とうか》を手に旧藩校弘道館の碑文に見入った美子は、宿泊先に戻ると、元水戸藩士でいまは皇后宮大夫の香川を召し、斉昭の忠誠はもちろんのこと、水戸藩代々の勤王事蹟にも深く感じ入るとのことばをかけ、彼を感泣させています。

こうした振る舞いは、教育勅語に掲げる「一旦緩急アレバ義勇公ニ奉ジ、以テ天壌無《てんじょうむ》窮《きゅう》ノ皇運ヲ扶翼スベシ」（もし危急の事態が生じたときには、正義心から勇気を持って公のために奉仕し、永遠に続く皇室の運命を助けるように）との教えを、臣下に実行させる上で効果的なものと言えます。美子は美子なりのやりかたで、臣下の心をつかみ、「尊皇」の徹底に努めようとしたのではないでしょうか。

美子が幼いときに描いた「楠公父子訣別の図」

ところで、水戸高等女学校の教員で、水戸学の大成者、藤田東湖の姪にあたる豊田芙雄《ふゆ》は、かつて東京向島の小梅水戸邸にいた頃、斉昭に嫁いで慶喜を生んだ有栖川宮織仁《ありすがわのみやおりひと》の娘吉子《よしこ》女王とともに何度か皇后に拝謁しています。慶喜に嫁いだ一条美賀子も、美子の父の養女で、血のつながりはないものの美子の姉にあたります。美子と吉子は、袖もすり合うほどに間近に親しくことばを交わし、芙雄も拝謁のたびに種々の土産を拝領したと言います。激動の幕末をともに生き抜いた女性たちの語らいは、美子にとって、わずかに許された安らぎのひとときだったのかもしれません。

女性教育の推進者

明治十七年、創立が決まった華族女学校では、開校の準備が進められていました。教科規則を眼にした明治天皇は、そこに挙げられていた化学と物理は、華族女学校の生徒には必要なしとしました。教員養成のための女子師範学校ではなく、皇室附属として新設する女学校に必要なのは、和漢洋の学科と裁縫などの実技であって、理化学などは、才能があって好む者だけに選ばせれば良いという意見だったのです。これに対して美子は、いずれ母となる女子には、「誘掖薫陶《ゆうえきくんとう》すべき天賦の本分」（力を貸して導き、すぐれた人格で人を感化し、立派な人間に教育すべき天から与えられた本来のつとめ）があるとの考えでした。後日、華族女学校を訪問した折のことを、美子は次のように記しています。

をさなき子の、何心もなくうちゑみつゝ、心やすげに教をうくる、いとらうたげなり。かゝるほどより、学びてこそはと、末たのもし。又ねびととのひたるかたは、あからめもせず、ひたすらにまなびの道に、心をいれためり。わざのすゝみたらむ後は、かならず世のかゞみともなるべきが多からむとおぼゆるうへに、たちゐふるまひなどの、つゆ男さびたるさまなく、なつかしげに見ゆるこそうれしけれ。

（『昭憲皇太后御集』句読点は私意による）

この女学校に通う生徒のなかから、「からなずや世のかゞみ」となる女性が出であろうと、彼女たちへの期待を語っています。

たとえば、美子が人生の指針とした『女四書』にも、女性が広く学ぶことへの肯定的なことばが見て取れます。女子師範学校長であった細川潤次郎は、皇后がしばしば引用する『女四書』を読んでみたいと考え、皇后の蔵本と同じ加賀版を取り寄せるだけでなく、下賜金により『女四書』を印刷し、女子師範の生徒たちに配ってもいます。

女子師範の教師で、後に東京高等女学校長も勤めた棚橋絢子《たなはしあやこ》も、大正元年（一九一二）に訳注を施した『女四書』を著し、昭和十三年（一九三八）には日本女子大学国文学研究室が、『明仁孝文皇后内訓謹解』と題した注釈本を刊行してもいます。儒教思想に基づく女訓書であることから、男尊女卑の象徴として批判されもする『女四書』ですが、美子の存在により、志学のたいせつさを説く女訓書としての効用も、認められていました。

明治八年、東京女子師範学校の開校式で、美子はその後わが国初の校歌となる一首を、同校に贈っています。

みがゝずば玉もかゞみも何かはせん　学びの道もかくこそ有けれ

右　明治九年二月東京女子師範学校へ下し賜へる

（『昭憲皇太后御集』）

（玉も鏡も磨かなければ何にもなりはしない。学びの道もそれとおなじこと。）

美子皇后真影（明治神宮蔵）

女性教育の推進者であろうとした美子の思いが込められこの歌は、明治十一年に宮内省雅楽課の東儀《とうぎ》季熙《すえひろ》が譜をつけ、同校の校歌となりました。

『明治孝節録』

ところで、美術史学者の若桑みどりは、美子皇后の真影を調査研究を通して、そこに描かれた和綴じの八帖は、『明治孝節録』と『婦女鑑』を描いたものと推測しました。この二書は、美子の指示により編纂された女性向けの教訓書です。

「東京日日新聞」第１号
明治５年（1872）２月21日

明治五年の学制発布の直後、美子は侍講の福羽美静に、「忠孝節義」の事跡を集めるよう命じます。広く一般に、儒教的な徳目である忠誠、孝行、節操、義理に関して話題になった人を探し、一書にまとめようとしたのです。このとき資料のひとつとなったのが、当時出版され始めたばかりの新聞

『明治孝節録』二「せん女」左奥に病に伏す夫

でした。

日本で最初の日刊紙「東京日日新聞」(現在の毎日新聞の前身)が創刊されたのは明治五年二月、当時そこに挿入された刺激的な新聞錦絵は、東京土産になるほど話題となりました。

明治十年、福羽と、同じく侍講の元田、ふたりの序を冠して、『明治孝節録』は出版されました。書名に明らかなとおり、内容は、親に孝行を尽くした孝子、節義、節操を守った女性などの挿話を集めたものです。

この『明治孝節録』で最大級の賛辞を贈られたのは、病床にある夫の眼前で、淫乱な僧侶に殺されたせんという女性です。命をかけて貞操を守ったせんの行為は素晴らしいとされ、政府は墓の保全にと見舞金七十五円を贈ります。七十五円としたのは、当時、戦場で国のために命を落とした兵士への見舞金が百五十円だったので、その半分が適当だろうとの判断によるものでした。

「その節義こそ、士の君における、婦の夫における、かはることとあらざらめ」と、せんの死は兵士の死と同列に扱われています。すでに明治六年、徴兵令は施行され、日本の近代は軍事国家として始まりました。男性が命と引き替えに守るのが国家の安泰であるなら、女性が守るべきは貞操であるとの教えが、『明治孝節録』には込められていたわけです。

元田は、天皇の身近にあって、教学重視の姿勢を打ち出し、皇祖天照大神の教えのもとに、我が国に伝統的な「仁義忠孝」を本、西洋の「知識才芸」を末とし、本末を違えることなく兼備することの必要性を訴えていました。『明治孝節録』刊行の翌年には美子の侍読にもなり、皇后宮大夫も兼任します。

いっぽう福羽も、天皇皇后の身近にありました。和歌の指導者でもあった福羽は、「歌文」について進講するとともに、美子から発せられる「女学」の質問に応える立場にもありました。「女学」とは、女性はどうあるべきか、何を学ぶべきか、といった女性のありかた、備えるべき徳や知識教養など、女性にまつわる事柄全般をさします。

『明治孝節録』も後の『婦女鑑』も、たしかに皇后の名で出版された女訓書には違いありませんが、美子ひとりの思いと力により、それらが形になったわけではありません。そこには、元田や福羽らの思惑も当然込められていました。彼らがめざしたのは、近代国家にふさわしい「女性たちの国民化」であり、国家にとって望ましい国民としての女性を育てることでした。

美子皇后の真影の意味するところを、若桑は次のように記しています。

西欧風の衣装と儒教的道徳書、皇后の御真影は、明治政府が女性国民に課す二つの背馳する要請をみごとに表象していた。第一は欧化・近代化であり、第二は貞節・和順の儒教的女性道徳の教化である。近代的風姿と伝統的婦徳、この相反する二者を統合し得たからこそ皇后は日本女性の鑑であり、これこそ皇后を通して全日本女性に示された模範的な女性像であった。

（『皇后の肖像　昭憲皇太后の表象と女性の国民化』）

真影にふたつの女訓書を描かせるという案が、誰の指示によるものかは分かりません。けれど表象の有効性と、福羽の存在から、思い出されることがあります。

大元帥《だいげんすい》の妻

慶応二年（一八六六）、孝明天皇の崩御に伴い、翌三年に明治天皇が即位すると、ついに王政復古の命が下ります。八月に行われた即位の大礼で、従来の唐風ではなく新式を制定し、即位式を統括する役割を担ったのが福羽でした。福羽はこの即位式で、天皇の傍らに

大日本帝国政府起業公債 五百円證書（部分）

地球儀を据えることを提案しています。それは、福羽が示したかった「唯一無二の天皇を戴く皇国日本」の表象であり、そこに、近代化を見据えた福羽の戦略を見ることができます。

そして地球儀といえばもうひとつ、「皇后」にまつわる図像が知られています。ただしここでの皇后は美子ではなく、『古事記』や『日本書紀』に記された古代の皇后、朝鮮半島出兵の伝説により知られる神功皇后《じんぐうこうごう》です。

明治十一年発行の「大日本帝国政府起業公債五百円證書」では、左手には文書、右手は地球儀の上、足もとにはカンテラ（燭台）やハンマーを置き、農民や蒸気機関車を見下ろす神功皇后が描かれています。海上には帆船も浮かび、殖産興業の広がりのなかで、近代化する日本を象徴するとともに、軍事力による海外侵略という思惑もまた、そこには込められているかのような図柄です。
起業公債に留まらず、紙幣にも神功皇后は登場します。日本で初めてお札に描かれた人物は、実は女性である神功皇后でした。そして、この神功皇后に擬せられたのが、皇后美子です。明治天皇とともに、あるいは単独で、美子はしばしば軍事演習を見に出かけ、軍艦に乗船した折には、神功皇后を彷彿とさせると言われました。朝鮮半島侵略のきっかけとなった日清戦争の折り、明治二十八年に美子が詠んだ歌です。

軍人

いくさびといたる処に勝を得て　やまとご丶ろを世にしめすらし

戦場を思ひやりて

やまをなすかばねふみこえ御軍の　かちどきあぐるもろこしが原

（『昭憲皇太后御集』）

明治六年、皇族が陸海軍の軍人となり、明治天皇は全軍を統率する大元帥となりました。そして、近代女性の「鑑」であろうとした美子は、日本赤十字社や愛国婦人会などの活動に関わりながら、日本の勝利を祈る大元帥の妻、国家戦士の母という役割をも、担うことになったのです。

参考文献

上田景二『昭憲皇太后史』(一九一四年、公益通信社)
渡邊幾治郎『昭憲皇太后宮の御坤徳』(一九四二年、東洋書館)
山川菊栄『おんな二代の記』(一九七二年、東洋文庫)
アリス・ベーコン、矢口祐人、砂田恵理加訳『明治日本の女たち』(二〇〇三年、みすず書房)
オットマール・フォン・モール、金森誠也訳『ドイツ貴族の明治宮廷記』(一九八八年、新人物往来社)
近藤芳樹『明治孝節録 巻二』、『女四書』は、国立国会図書館近代デジタルライブラリーhttp://kindai.ndl.go.jp/で閲覧可能。
出雲井晶『エピソードでつづる昭憲皇太后』(二〇〇一年、錦正社)
若桑みどり『皇后の肖像 昭憲皇太后の表象と女性の国民化』(二〇〇一年、筑摩書房)
片野真佐子『皇后の近代』(二〇〇三年、講談社)
関口すみ子『御一新とジェンダー 荻生徂徠から教育勅語まで』(二〇〇五年、東京大学出版会)
『昭憲皇太后御集』(一九四四年、新潮文庫)
榊原千鶴「「女子の悲哀に沈めるが如く」― 明治二十年代女子教育にみる戦略としての中世文学」(飯田祐子・島村輝・高橋修・中山昭彦編『少女少年のポリティクス』二〇〇九年、青弓社)

Vol4

学校経営に戦略を！

跡見女学校創設者

跡見花蹊《あとみかけい》（1840～1926）

「世界の花となれ」

文久元年（一八六一）八月、大阪中之島で家塾を営む跡見花蹊のもとに、父の重敬《しげよし》が仕える姉小路公知《あねがこうじきんとも》から一通の書状が届きます。書状には、皇女和宮《かずのみや》の将軍家降嫁にあたり、花蹊を付人として推薦する声が上がっているとありました。

和宮は、仁孝天皇の第八皇女で、孝明天皇の異母妹にあたります。安政五年（一八五八）六月、幕府はアメリカ合衆国との間で日米修好通商条約に調印しますが、条約は朝廷の許可を得ていませんでした。怒った孝明天皇は、幕府に攘夷を命じた密勅を水戸藩に下します。これに対して大老・井伊直弼《いいなおすけ》は、尊皇攘夷を主張する志士や大名、公家を弾圧しました。世に言う安政の大獄です。強権を振るった井伊は、桜田門外で暗殺されます。

幕府は、悪化した朝廷と幕府の関係を修復し、公武合体により威信を回復しようと、和宮を将軍・徳川家茂に嫁がせようと画策します。当初乗り気でなかった孝明天皇も、岩倉具視の意見を聴き入れ賛成に回ります。すでに有栖川《ありすがわの》宮《みや》熾仁《たるひと》と婚約していた和宮は拒否しますが、周囲の説得に抗しきれず、遂にはこの政略結婚を受け入れました。

花蹊は、江戸に下る皇女和宮の付き添いにと、推薦されたわけです。跡見家では両親はじめ親類一同は一大出世と喜び、祝福の雰囲気に包まれました。けれど結果的には、公知の意向により、花蹊は付人を辞退します。

のちに花蹊が編んだ日記と略歴によると、このとき公知は、絵画の才能が花開きつつある花蹊の将来を思い、「和宮様の御一方の花よりも、世界の花となれ」とのことばを贈ったといいます。すでに大阪で、富豪の娘たちに漢学や書画を教えていた花蹊の学才が、大奥という閉ざされた世界で消費されることを公知は望みませんでした。同時にもうひとつ、ここには公知のある期待も込められていました。

姉小路公知

文久二年十月、公知は幕府への攘夷督促の副使として、正使の三条《さんじょう》実美《さねとみ》とともに江戸に向かいます。一行のなかには花蹊の父・重敬と弟の重威《しげたけ》の姿もありました。公知はこの時期、三条実美と同じく尊王攘夷派の公家として知られており、和宮降嫁にも反対でした。そうした公知の政治的立場が、花蹊の進退に影響を与えたことは想像に難くありません。けれどその公知は、文久三年、わずか二十五歳で暗殺されてしまいます。新政府で最高官の太政大臣まで勤めた実美とは対照的な、志半ばでの死でした。

そもそも、花蹊の父の重敬が、公知に仕えたきっかけは、勤王の志によるものだったといいます。その娘であってみれば、「世界の花」となることが、我が身ひとつのことではないことに、花蹊も気づいていたでしょう。公知亡き後、花蹊一家を庇護し、跡見開校に力を貸したのは、三条実美でした。花蹊への期待は、ひとり公知のみに留まるものではなかったのです。尊王攘夷派の公家たちは、花蹊にはたして何を求めたのでしょうか。そして花蹊は、「世界の花」となる道を、どのように歩もうとしたのでしょうか。

「立志」のひと

天保十一年（一八四〇）四月、跡見重敬・幾野夫妻の次女として、花蹊は大阪に生まれました。他に男子がいたにもかかわらず、両親は、幼い時から聡明だった花蹊に、跡見家再興の夢を託します。女子であっても他家に嫁ぐことなく、わが家を興すようにと言い聞かせられて育った花蹊は、それを自らの義務と考え、ひたすら熱心に技芸を修めます。

父が営む寺子屋で、姉の千代滝とともに父の代理として算術のほか、『実語経』『女大学』『女庭訓』などを教材に、漢文の素読と習字を教えていました。安政三年（一八五六）十七歳のときには京都に遊学し、さらにその二年後、大阪でも師につきます。京都では宮原謙蔵に漢学と書を、円山応立に絵画を学び、大阪では後藤松陰に就いて学びました。とはいえ、裕福ではなかった跡見家に、学費の余裕はありません。そこで花蹊は自身の能筆を活かし、学業のかたわら、夜二時間ほどはひたすら筆と扇を手にしました。扇面に、和歌や故事を書く揮毫《きごう》により、学費をまかなったのです。

ところで、花蹊が師と仰いだ宮原と後藤は、頼山陽門下でした。頼山陽とは、幕末の尊王攘夷の運動に大きな影響を与えた漢詩人であり思想家です。彼が著した歴史書『日本外史』は当時の大ベストセラーとなりました。そして花蹊自身も「山陽の孫弟子」を自任するほど、その学統に私淑していました。

和歌扇面
（花蹊筆・大正12年（1923）、花蹊記念資料館蔵）

大君の御心いかにおはすらむ　をみなかしこさわかみなるかも
女なりとも勤皇にかはりあらむやと、人には言はじたゝ知るこの日記　（『女子習字帖』）

たとえば明治十一年（一八七八）、跡見開校三年目の記念日に捧げられた祝詞形式の祝辞には、建学は天皇の命によるものであり、「天皇命の公民」である女性たちが、穢れた心をもつことなく、悪い道に入ることのないよう、教育の道に勤しんでいるとあります。こうした建学の精神は、明治期に創設された女学校のなかで、跡見を特徴付けるものです。

後に花蹊は、明治天皇の聖徳をしのぶものとして、御製百首をかるたに仕立ててもいます。花蹊自身の教育にかける思いは、御製を彷彿とさせ、互いに響き合うかのようです。

教育

八六　たゞしくもおひしげらせよ教草　をとこをみなの道をわかちて

庭訓

八七　いつくしとめづるあまりになでしこの　庭のをしへをおろそかにすな

（『明治天皇の御製百首』）

教育

花となれ実となれ庭のをしへ草　しげきめぐみの露のしづくに

（「花蹊女史の遺稿」）

わが命あらむかぎりはをしへ草　をしへてやまじ実を結ぶまで

（「花蹊女史の遺稿」『跡見花蹊女史伝』）

明治天皇の教育に懸ける思いを、実際の教育現場で実践していくことに、花蹊は自身の教育活動の意義を見ていました。

いっぽう美子皇后も、率先して花蹊の教育活動を支援しました。当時、皇后により紫の袴の着用を許されたのは跡見の生徒だけで、成績優秀者にはとくにこれを奨励しました。

花蹊ハ摂津ノ産ニシテ、博学高才ノ名アリ。家塾ヲ東京猿楽町ニ開キ、跡見学校ト称シ、又三宜楼ト号ス。花蹊、書画ヲ善クシ、兼テ和漢ノ学ニ通ス。是ヲ以テ門人頗《すこぶ》ル多シ。高貴紳士ノ息女ニシテ、文筆ニ名アルモノハ、概ネ其門人ニアラザルハナシ。時ニハ衆クノ門人ヲ連レテ、宮中ニ召サレ、畏クモ御前ニ書画ヲ作ルノ栄ヲ得、又ハ支那公使ノ招待ヲ得、席上ニ揮毫《きごう》シ、清客ヲシテ絶賞セシムルハ、実ニ希世ノ女史ト謂フベシ。

春の来て谷の鴬今日よりは　雲井にちかく名のりそめけり

（『古今烈女伝』句読点は私意による）

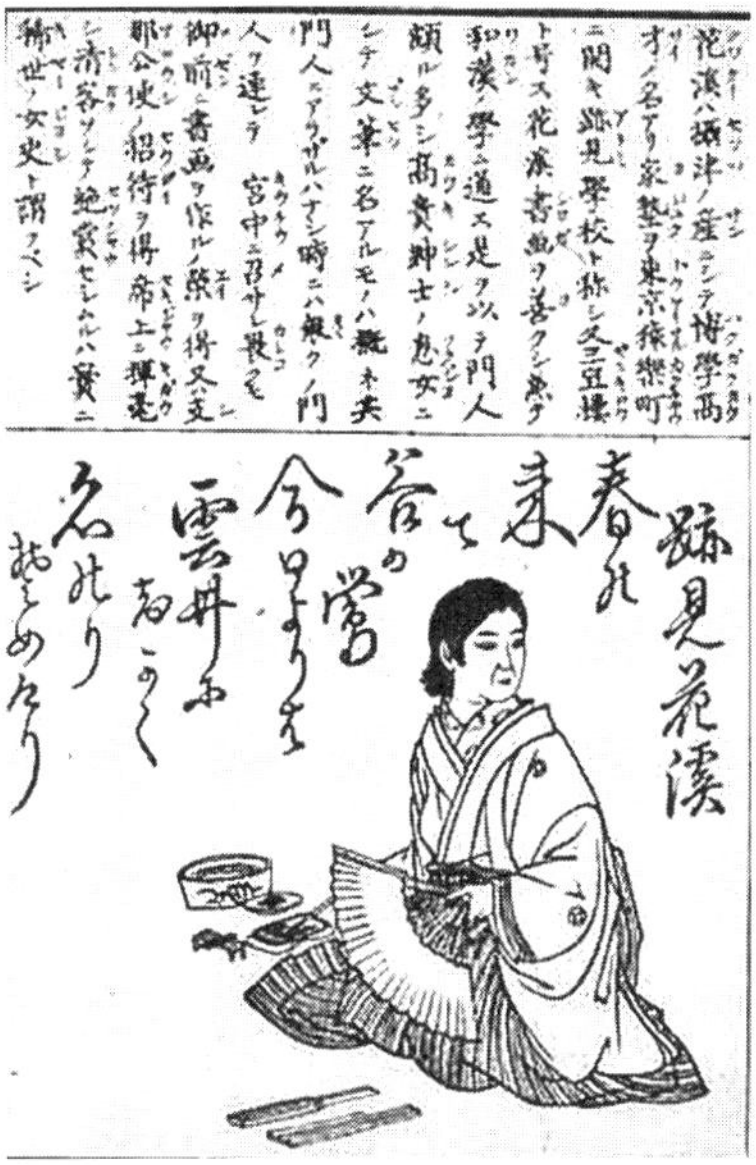

『古今烈女伝』
（奈良女子大学附属図書館蔵）

花蹊の活躍ぶりを伝える『古今烈女伝』の一首は、皇后の御前で揮毫した際に花蹊が詠じたもので、花蹊の名とともに広く世に知られた歌です。しかも花蹊は、宮中の女官たちに漢学や習字を教えるためにしばしば青山御所を訪れ、福羽美静《ふくばよししず》ら侍講《じこう》とも交流の機会をもちました。花蹊の名声は、まずは宮中において、皇后主導による宮中の改革とともにあったのです。

姉小路家と跡見家のひとびと

美子皇后が、新政権の中枢にあった者たちや、三条実美、岩倉具視といった公家政治家たちの期待を一身に受け、宮中という女性たちの世界の改革者として入内したことは第二章に記したところです。その入内の折り、女官として仕えることになった女性たちのなかに、花蹊にとっては主家にあたる姉小路公知の妹、良姫（良子）がいました。（第二章「昭憲皇太后陛下に奉侍せし女官」の写真参照）権典侍《ごんのないしのすけ》として宮中にあった良子は、子こそなしませんでしたが、天皇の寝所に侍った女官でもありました。そしてこの良子の後見役を務めたのが、花蹊でした。

明治五年（一八七二）三月、神祇省が廃され、かわりに教部省が設置されました。それに伴い、国民に尊王愛国思想の教化を図る大教院を設置し、教導職を任命し、教化にあたらせるという動きが起こります。このとき、女性の教導職養成機関として女教院が設立され、良子はその代表である大講義に就任しました。そして花蹊も、権訓導（無給の宗教官吏のひとつ）として女教師の人選を委嘱されました。結果的には明治八年の跡見開校を前に、花蹊は権訓導を辞しますが、明治政府の宗教改革において、花蹊は良子とともに教育面での主導的な役割を果たしてもいたのです。

　こうした良子とのつながりとともに、公知亡き後も跡見家のひとびとが姉小路家に従ったのには、主家というだけではないもうひとつの理由がありました。それは、公知の一子である公義《きんよし》の生母が、実は花蹊の姉、千代滝であったことです。跡見家のひとびとにとって、遺された公義を養育し、その成長を見守ることは、一家の望むところであり、責務とも意識されていたのです。

跡見花蹊（花蹊記念資料館蔵）

　明治三年、御所からの召しにより、東京に向かうことになった公義の傍らには、すでに還暦を迎えた重敬が付き添っていました。花蹊も彼らのあとを追うように、十一月には東京へと旅立ちます。品川に着いて三日後には、すでに中央政府の中枢にあった三条実美のもとを訪れています。花蹊の日記には、この久々の対面の折りに、三条からだけでなく、宮中や外務省からも揮毫の依頼があったことが記されています。宮中のひとびとや政府の要人にとっても、花蹊は期待される存在だったのです。

たとえば関口すみ子は、宮中の大改革に際して、烈婦や烈女と称される女性たちが必要とされたこと、その代表的な存在として、美子に儒教道徳をたたき込んだ若江薫子を挙げています。幕末に生きた烈婦、烈女は、夫や子どものためではなく、天皇のため、勤王という大義に実を捧げた女性たちであり、宮中の改革には、こうした女性たちが必要とされたと指摘しています。

薫子が、過激な政治的言動により、結果的には時の権力から追われ、流浪の果てにその生涯を閉じたことは第二章に記しました。薫子と花蹊、晩年の有り様は大きく異なるふたりですが、幼き日より身につけた学識と、それを女性教育の場で活かそうとした点は同じでした。そして、文明開化の流れに否定的だった点でも両者は共通しています。ではいったい何が、ふたりのその後を分けたのでしょう。

たとえば上京直後の花蹊は、次のような感想を抱いていました。

当時東京の形勢、戦後と云ひ、実に令嬢とも云べき人ハ、開化ととなへて、髪をザン切にして、長き書生羽織を着、ヱン《鉛》筆を耳に挟みて、ヘコ帯などして、実に殺風景を極む。予、この風体をみて、是を一変せねばと考ふ。女子教育の念甚し。

（「跡見花蹊略歴」明治四年一月条『花蹊日記 第一巻』濁点は私意による。）

欧化の流れを前に、断固として異を唱える強い意志が、花蹊を女性教育の道に邁進させます。けれど花蹊は、跡見学校に早くから英語教育を取り入れてもいます。花蹊は、教育者であると同時に、優れた経営者でもありました。学校経営にとって必要なものは積極的に取り入れる、その判断における時代を読む眼とある種の柔軟性を備えていました。加えて花蹊の教育活動には、父重敬、姉千代滝、弟重威といった家族の協力がありました。重敬は点茶、千代滝は裁縫、重威は漢学をそれぞれ担当することで、家塾から学校へと成長する跡見の教育を支えていたのです。

家塾から学校へ

明治八年一月八日、神田区中猿楽町に創設された跡見学校は開校式を迎えます。この日のことを花蹊は、自身の略記に次のように記しています。

昨暮より学校建築、落製ニ付、八日吉辰《きっしん》を以て開校式執行す。華族之方々姫方等も来賓の多き実に驚入たり。これより跡見女学校と称して、女子教育に従事する。国語、漢籍、算術、習字、絵画、裁縫、琴、挿花、点茶之九科目とす。

（「跡見花蹊略歴」明治九年一月八日条『花蹊日記 第一巻』）

開校当初から漢学は重要な教科のひとつでした。学科課程表によれば、第一年で「大学、論語、中庸、孟子、国史略、十八史略」週十四時間、第二年で「易経、書経、詩経、礼記、日本外史」週十四時間、第三年で「左伝、史記」週十四時間、習字は、第一年で「草体」週七時間、第二年で「行体」週七時間、第三年で「真体」七時間となっています。

跡見学校校舎正門（花蹊記念資料館蔵）

とはいえ、校舎内の勉強ばかりだったかといえばそうではなく、花蹊は日頃から、近くの庭園や社寺に生徒を連れ出し、四季の移り変わりを実感させたりもしていました。移動範囲も、交通網の発達につれて広がり、いわゆる遠足や修学旅行なども行っています。

明治二十一年（一八八八）の改築の主旨には、跡見のめざすところを次のように述べてい

大宮公園遠足(明治45年(1912)、花蹊記念資料館蔵)

ます。

抑《そもそ》モ一国ノ富強ハ教育ニ依テ興リ、教育ノ盛衰ハ女学ヲ以テ徴スベシ。況ヤ我校ノ任タル、上流淑女ノ教育ニアルヲ以テ務メテ窈窕《ようちょう》嫻《かん》雅《が》ノ女徳ヲ養成シ、智ヲ研キ交ヲ弘メ、以テ我邦女風ノ模範タラザル可ラズ。

(「跡見女学校改築之主旨」『跡見花蹊先生実伝 花の下みち』)

「上流淑女」のための学校として、彼女たちに「女徳」を身につけさせることで、我が国の「女風の模範」となることを願うと言っています。

たとえば櫛田眞澄は、明治期の女学校を概観するなかで、跡見を「教養主義系女学校」と位置づけ、明治三十二年に発布された「高等女学校令」以降、数多く設立された教養主義女学校の先駆けであり、モデルとなったと指摘しています。その特徴のひとつとして、当時の上流階層の娘たちの情操教育とされた芸事を、学校という場でまとめて身につけさせた点を挙げています。

戦略

跡見が上流の女性たちが通う学校としてあることを、花蹊は明確に意識していました。跡見の開校前後、東京では、明治五年二月に国立の東京女学校が、明治八年十一月には官立の東京女子師範学校が、それぞれ創設されていました。けれど、公家の娘や尊王攘夷派に近かった藩公の娘たちはこぞって花蹊のもとに集いました。開校以前の私塾時代でさえ、跡見に入門した華族の娘たちは、八十余名に達し、しかも日々入門を願う者はあとを絶たなかったといいます。もちろん、花蹊の学識や教育者としての信頼は当然のことですが、同時に、東京の女学校にはない跡見の独自性も理由のひとつだったと考えられます。

関西出身の花蹊とその一家が営む当初の跡見学校には、お国なまりをはじめとする京風の雰囲気が漂っていました。実際に跡見では、宮中の儀式に身につける緋の袴に倣って、生徒には袴をはかせ、髪の結び方も優雅で高尚という理由から、京都の稚児髷《ちごまげ》を結わせたりしています。

遷都により、京都から東京にやって来た娘たち、あるいは「雅《みやび》」な世界に憧れる娘たちにとって、こうした跡見の校風が魅力的だったことは想像に難くありません。

さらに注目したいのは、姉小路公知亡き後、跡見を支援した三条実美の存在です。

其頃は別に女学校はありませんから、上流社会では教師を雇うて漢学、和文、習字、和歌など習はせて居りました。私は上京後、姉小路さんの邸宅に居ましたが、邸宅が広い為めに、京都出身の公卿方から、私の娘も預つて呉れ、私の娘も教育して呉れと申されましたので、諸方から御嬢さん達を預りました。其れに三条公は、跡見なら大丈夫だからと云つて、今の閑院宮妃殿下なる智恵子様を、六歳の時よりお預けになりました。三条さんがお預けになるからと云ふので、中山さん、万里小路さんを始め、諸方から申込まれて、遂に四十余人を引受けることになりました。

（「跡見花蹊女史の女子教育追懐談」『跡見学園教育詞藻』句読点は私意による。）

新政府の要職にあった実美への信頼が呼び水となり、公家の娘たちが次々と跡見の門を叩いたことが学校創設へとつながりました。跡見でも、当時の上流階級がそれぞれに教師を雇って娘に習わせていた漢学、和文、修辞、和歌、あるいは点茶、裁縫などを、まとめて身につけられるようにと学課の工夫もしています。実美にとって花蹊は、娘・智恵子の師であり、その智恵子は明治二十一年、小石川柳町への学校移転の際には、総代として祝文を寄せるなど、代表的な卒業生として、跡見の名を広く高めることに貢献しています。

たとえば、作家で評論家でもあった内田《うちだ》魯庵《ろあん》は、明治十年に創刊された日本初の子ども

明治十一年七月二十七日第七十三號

穎才新誌

東京
跡見學校生徒合錦

明治11年（1878）７月27日第73号

向け投稿雑誌『頴才新誌《えいさいしんし》』の思い出として、跡見と、智恵子のことにふれています。

其頃頴才新誌が初めて発行されたが、運動競技も唱歌も教へられなかつた当時の小学校生徒の他流仕合をするこの頴才新誌は全国（殊に東京）小学校の児童の晴れの舞台だつた。看板となつたのは第一頁の書画欄で、殆んど跡見学校が独占して三条公の令嬢（後の閑院宮殿下）を初め、名流貴族の満六歳乃至満八歳といふ幼い令嬢の花蹊女史ソックリ其のままの筆蹟や画が毎号賑はした。（「明治十年前後の小学校」）

表紙を飾る跡見の生徒たちの作品は、同年代の全国の子どもたちにとって憧れだったはずです。しかもそれら作品は、名流貴族の令嬢たちの手になるものです。この二重の衝撃は、跡見の名と、そのブランド力を世に知らしめ、高めることに寄与したことは間違いありません。そこに、花蹊の学校経営者としてのたしかな手腕を思います。

教育方針

ところで、『頴才新誌』の表紙を跡見の生徒がほぼ独占した背景には、書画重視という花蹊の教育方針がありました。当時の文部省は、裁縫や絵画を教科として設置することを好ましく思っていませんでしたが、花蹊は私立の女学校として、独自の路線を貫こうとします。折しも、フィラデルフィアで教育博覧会が開催されることになりました。

文部省の反対後、間もなく費府《フィラデルフィア》に教育博覧会がありまして、日本政府へも学校製作品の出品を勧誘して来ました。当時文部省は裁縫、絵画に反対する位ですから、他に生徒の製作品がありません。余程困つた様子で、私の学校へ何か出品して呉れと云つて来ましたから、絹地に彩色画を書いたり、又、画の縫ひなどを出品しました。其れから文部省は裁縫絵画に反対しない所か、却つて賛成する様になりました。明治十年前後の事を考えますと、実に可笑しいことばかりで御座います。

（「跡見花蹊女史の女子教育追懐談」『跡見学園教育詞藻』句読点は私意による。）

この出品をきっかけに、文部省は従来の方針を変えることになったといいます。

跡見では、習字と絵画は花蹊自身が担当していました。植田恭代は、花蹊と生徒を繋ぐ重要な教材に折り手本を挙げ、折り手本「四季のふみ」をめぐってのある卒業生の思い出を紹介しています。

師の君は御手本を開かれながら、「この仮名文字は唯徒に優しいのみではありません。優しい中にもしつかりとした筆法ではありませんか。女子は従順にして、且内に凛乎たる意志を持つ可き事が示されてあるのです」と御訓し下さったのです。私はこの御手本、この言葉を通じて、跡見心の神髄に触れた思が致し、実に私し《（ママ）》の胸に気高い校風が培はれはじめた、第一印象として忘れがたいので御座居ます。

「四季のふみ」は、手紙文を教材とする初級の折り手本です。それを手にしたとき、この生徒は、花蹊が伝えようとした教えを実感したといいます。

（「跡見女学校の教育と古典文学の教養―折り手本「四季のふみ」から―」）

芸術家・岡本太郎の母で、跡見女学校の卒業生でもある作家の岡本かの子は、次のように記しています。

習字の時間に、私が筆筒といふ字を少し傾げて書いたのを見て、「そんなゆがんだ筆筒では、嫁入りの時、持って行けませんね」と言はれた。

斯様に一見優しく訓戒されるのであったが、その訓戒には、必ず深い意味があった。

（「お師匠さんの風貌を偲びて」読点は私意による。）

かの子は、跡見の生徒として交わした花蹊とのやりとりを振り返り、そこに込められた師の教えを懐かしくかみしめています。若かったときには、十分に理解できなかった教えも、歳を重ねるなかで、あぁ、そういうことだったのかと腑に落ちることがあります。花蹊は、若い生徒たちに向けて、嫁入りを引き合いに出しながら、文字が真っ直ぐであることが心のありかたに通じることを伝えようとしたのです。

当時、他家に嫁ぎ、家政を取り仕切ることになった女性が、親類や夫の知人友人といった対外的な人間関係を円滑に進めていく上で、その時々にふさわしい手紙を書くことは重要な仕事でした。いわゆる時候の挨拶にはじまる手紙の書き方は、この時期の女性にとっては必須の教養です。女学校における習字の授業が、そうした現実の要請を受けてのものであることは間違いありません。けれど同時に習字は、集中力を養い、心の制御を学ばせる有効な手段でもありました。花蹊は折り手本を通して、女性がりりしく勇ましくあること、内に強い精神を秘めることのたいせつさを、教え子たちに伝えたかったのです。だからこそ習字は他の教師に任せることなく、自ら教壇に立ったのでしょう。しかも花蹊は、和文と漢文から文章を撰び、自ら法帖として生徒に与えました。その数は生涯で二万帖に達したといいます。

『雲上女訓　からすまる帖』

花蹊が遺した法帖のうち、「道徳」に分類されたひとつに、『雲上女訓』があります。これは、室町時代末期に成立した女訓書『からすまる帖』のことで、花蹊自身が記した『からすまる帖』も、「三条女宛教訓」の名でいまに伝わります。（コラム参照）嫁ぎゆく娘に宛てた教訓を記したものですが、後には広く一般の女性に向けての女訓書として流布しました。

実は、この『からすまる帖』は、明治二十五年、福羽美静の序に、さらに花蹊の序を加える形で出版されています。花蹊から直接指導を受けることがかなわない多くの女性たちにとって、法帖代わりともいえる教材とされたことは、容易に想像できます。

たとえば、明治六年に生まれ、後に自由学園を創立した教育家の羽仁もと子は、幼き日に体験した『からすまる帖』の思い出を、次のように語っています。

字を書けないことも類い稀れなほどであつた。しかしそれは小学校を卒業したころ、ちょっとしたことから、ほんとに愉快に覚えることが出来た。烏丸帖といふかなのお手本を見つめていたときに、字の調子というようなことが、はじめて私の、理義一方の鈍い頭にうつって来たのである。ほかの人は自然に早くから分かりきっていることを、私ははじめてこの時感じたのである。点でも線でも調子で書いて、また他の調子でつづけて行くのだなと、今の言葉でいうならば、そういうことに気がついたのである。それから私を苦しめるものとばかり映じていた習字帖が、何だか楽しいものになつた。

（『羽仁もと子 半生を語る』）

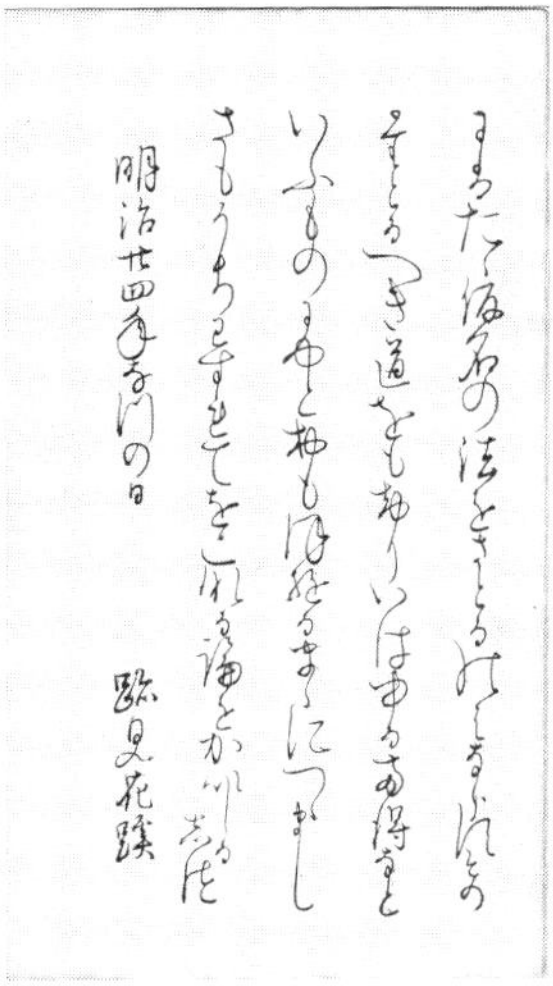

花蹊による「序」

『からすまる帖』は、女性に向けての教

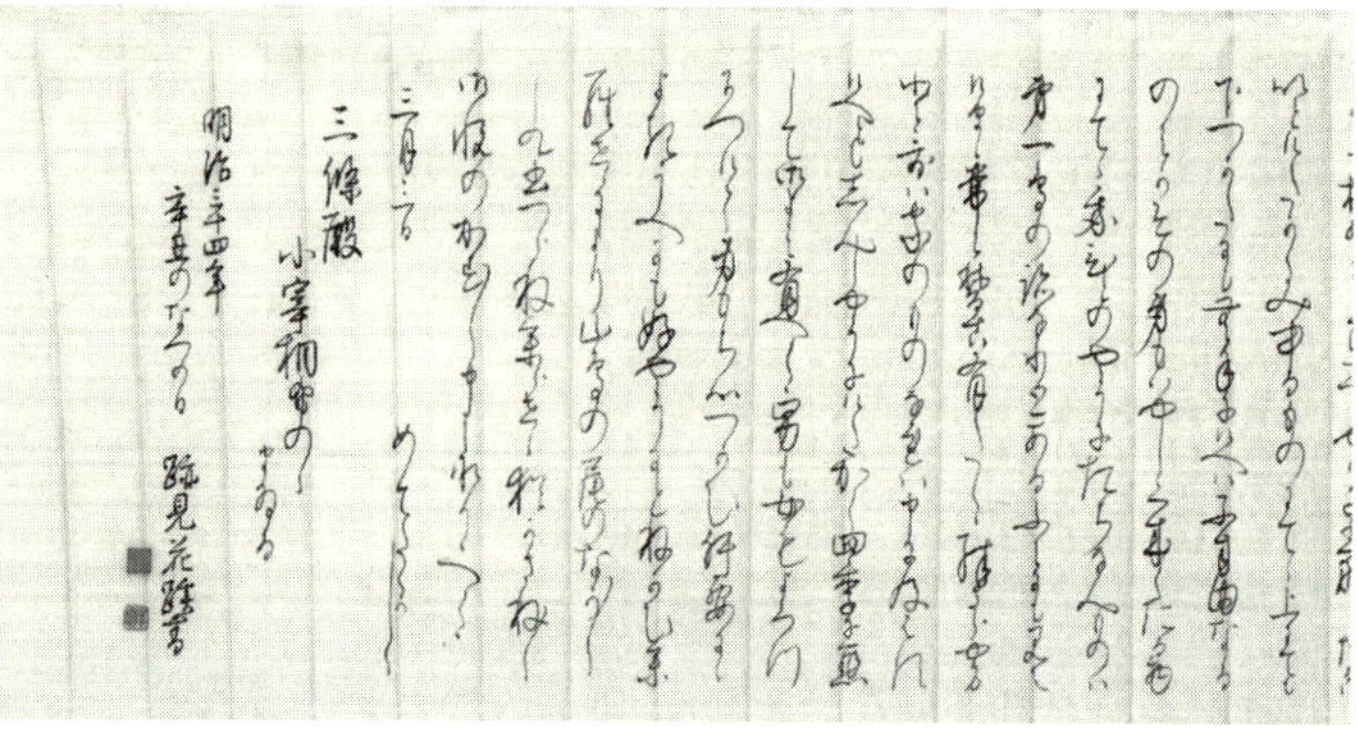

「三条女宛教訓」（からすまる帖）（明治34年（1901）花蹊記念資料館蔵）

訓と、習字の手本という二つの役割をもつ教材として活用されてきたことが分かります。

ただしその出版には、政治的な思惑がありました。企画した福羽美静は、侍講として、「女学」に関する美子の質問に応える立場にありました。『明治孝節録』『婦女鑑』といった美子の命により編纂された女訓書に関わったことは第三章に記したとおりです。福羽と花蹊は、花蹊による宮中での揮毫の折に、何度か同席する機会がありました。美子皇后の支援を受け、また自らも女官に漢学等の教授をしていた花蹊は、姉小路公知、三条実美といった尊王派の公家により学校経営をするまでに大成した女性教育者です。福羽が、広く女性の教育を思ったとき、その影響力を期待する女性のひとりであったはずです。実際この『からすまる帖』は、美子より東京女子師範附属小学校の児童にも下賜されています。そしてもちろん花蹊にとっても、美子皇后ら宮中との繋がりは、跡見のブランド力という点で願うところだったでしょう。

跡見の発展が、花蹊が女性教育に懸けた思い、培ってきた教養、さらにそれらを活かす教育方針によるのはもちろんですが、同時に花蹊を取り巻く人々の存在も忘れてはならないでしょう。花蹊の教育活動は、尊皇の志をもつ人々や宮中の改革を推し進めた人々による政治的な動きと密接な関わりをもっていました。花蹊は戦略をもって、自身の志と、周囲の人々の期待にも応える能力を発揮し、「世界の花」となる道を歩もうとしたのです。

跡見花蹊のお墓

参考文献

『跡見花蹊女史伝』（一九九〇年）
『跡見花蹊先生実伝 花の下みち』（一九九〇年）
『跡見学園教育詞藻』（一九九五年）
『花蹊日記 第一巻』（二〇〇五年）
『跡見学園一三〇年の伝統と創造』（二〇〇五年）
以上、跡見学園
『古今烈女伝』（奈良女子大学附属図書館蔵。所蔵資

料電子画像集「女子関連資料」で閲覧可能）
関口すみ子『御一新とジェンダー　荻生徂徠から教育勅語まで』（二〇〇五年、東京大学出版会）
櫛田眞澄『男女平等教育阻害の要因　明治期女学校教育の考察』（二〇〇九年、明石書店）
内田魯庵「明治十年前後の小学校」（太陽増刊『明治大正の文化』）引用は、『跡見学園教育詞藻』による。
植田恭代「跡見女学校の教育と古典文学の教養―折り手本「四季のふみ」から―」（『跡見学園女子大学文学部紀要』二〇〇六年三月）
岡本かの子「お師匠さんの風貌を偲びて」（『岡本かの子全集』第十四巻、一九七七、冬樹社）
羽仁もと子『羽仁もと子 半生を語る』（一九九七年、日本図書教育センター）
榊原千鶴「明治二十四年の『からすまる帖』―福羽美静にみる戦略としての近代女性教育」（『名古屋大学文学部論集』二〇〇九年）
榊原千鶴「「世界の花とならむ事を望む」―跡見花蹊にみる〝知〟の継承と明治初期の女性教育―」（『名古屋大学文学部研究論集』二〇一〇年）

女訓書の系譜

秋篠宮紀子さんに贈られた『からすまる帖』

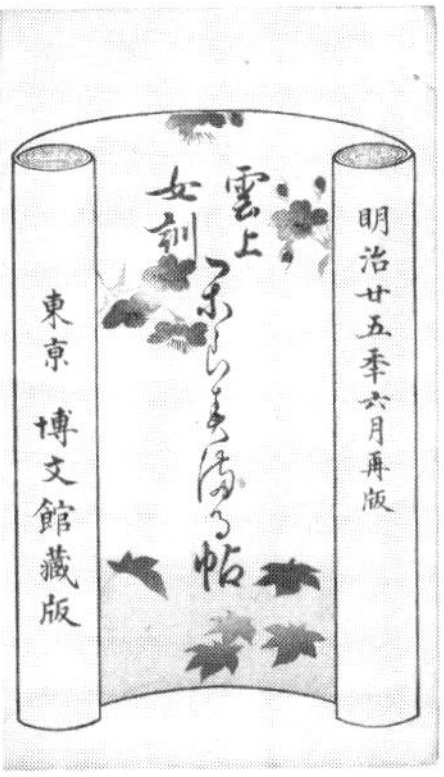

『雲上女訓 からすまる帖』

平成二年（一九九〇）六月、婚約発表を終えた川嶋紀子《きこ》さんのもとに、祖母の川嶋紀子《いとこ》さんからお祝いの品が届けられました。『書道芸術』二十四巻、手本を写すためのガラスの机、日本語・英語・フランス語・ドイツ語で書かれた聖書、第四章で取り上げた『からすまる帖』です。贈りものには、毛筆による次の手紙も添えられていました。

　謹みて御祝詞申し上げ参らせ候
おそれ多くもあなた様には礼宮殿下との御婚約御整わせられ御輿入れの御事誠に御目出度く心より御祝詞申し上げ奉り候
　御婚儀の暁には背の君にあたらせ給う礼宮殿下に御心も御身もお捧げ参らせ温かに御仕え遊ばされ度く願い奉り候
　かたじけなくも天皇、皇后両陛下御はじめ皇太后様、皇族方にも心優しくお仕え遊ばされ候よううち願い奉り候
　申し上げ候もおそれ多い御事ながら内に

慈悲の心を持ち風になびく如く物柔らかの温かい御心を持たれ多くの御方々に御接し遊ばされ度くお願い申し上げ候
この様な御心お持ち遊ばされ候はば神の御声もおわしまし候御事と存じ奉り候
かしこ

ひんがしのあかねの色に染められて
富士の白雪桃色に映ゆ

紀子どのへ　参らす

祖母川嶋紀子

平成二年六月吉日

（引用は高清水有子『秋篠宮さまと紀子さまの愛の十二章』による）

『からすまる帖』は、古くから、女性に向けての教訓と、書道の手本というふたつの役割をもつ教材として受け継がれてきました。明治四十年（一九〇七）生まれの紀子《いとこ》さんにとっては身近な教えの書だったのです。孫娘に、書道の心得のたいせつさと婚家での心がまえを伝えたいとの思いによる選択だったのでしょう。

室町末期成立と考えられる『からすまる帖』は、ときに内容や題名に異同を生じながらも、昭和に至るまで刊行されてきました。十六世紀後半に関東の武士が記した随筆集などにも、伝本のひとつが残されています。そこでは、婚礼にあたって贈るとした前文に続き、十箇条が掲げられています。第一条を引いてみます。

第一、慈悲の心をあつく、人をあはれみ、虫・けだもの、のうへまでも、露の情を、かけまくも忝も思ひ給ひて、おもてはたゞ、楊柳の風になびき、春の雪の桜の枝につもるごとく、物やはらかにして、人のおもひをしり、ひがめる心をおしなをし、さて又、心のうちは、石やかねなどのごとくかたく、あだなるふるまひ、はしぢかなることをきらひ、一すぢに心をむけ給ふべし。賢人二君につかへず、貞女両夫にまみえずと候。呉々、此ことはりを朝夕心にかけ給はゞ、ほとけ・神なども、御まぼりもおはしまし候べく候。

（『月庵酔醒記 中』「二条殿御文十箇条」）

手紙の「内に慈悲の心を持ち風になびく如く物柔らかの温かい御心を持たれ」のくだりが、『からすまる帖』をふまえた表現であることがわかります。「女ばうのかたちは春のやなぎにてこゝろは秋のみねの松なれ」（『女子用教訓和歌』）という歌も残されているとおり、柳腰と言われるしなやかさが、ここでは女性のあるべき姿とされたわけです。

けれどその物柔らかな外見とは異なる堅固な内面、とくに身持ちのかたさも求められました。「あだなるふるまひ、はしぢかなることをきらひ」と、浮ついた振る舞い、夫以外の男性の気を引くような言動はあってはならないのです。「はしぢか」とは、慎みがなく、人目に付きやすいさまを表す古語ですが、たとえばそうした表現から、『源氏物語』「若菜上」に描かれる女三宮なども思い浮かびます。

女三宮は、光源氏の正妻でありながら、柏木との子である薫を生みました。柏木が女三宮への恋情を募らせたのは、女三宮の姿を垣間見したためです。本来、入り口から離れた奥にあるべきなのに、端近にいたために、夫以外の男性にその姿を見られてしまった女三宮の軽率さが問われました。

夫ひと筋であるべきという教えは、つづく「賢人二君につかへず、貞女両夫にまみえず」に明らかです。中国の『史記』を原拠するこの教えは、日本でも長く説かれてきました。ひとたび結婚したなら生涯その夫と添い遂げる、夫が先に逝っても再婚はするな。たとえば室町期成立の女訓書は次のように説明します。

かように、心ざしふかゝらん女をば、いかならん男か、おろかに思ふべきや。たとひ遠ざかる男なりとも、心ながくもみるべし、と覚ゆることあり。（『女訓抄』）

こういう従順な女性ならば男性は見捨てはしない、家庭の安寧も保たれるというわけです。なんとも男性向けのご都合主義と感じるのは私だけでしょうか。

けれど現実は、全国離婚件数の集計が始まった明治十三年（一八八〇）以降、たとえば明治十六年の離婚率（千人あたりの離婚届出件数比）は三・三九です。平成の時代に入り、離婚率の急増が騒がれた平成十六年（二〇〇四）でも二・一五ですから、明治初期の高さが分かります。世界的にも、明治三十三年のアメリカ〇・七〇、フランス〇・二五、ドイツ〇・一五、イギリス〇・〇二に較べて、三・〇を前後する日本は、離婚王国とも言えます。女訓書の教えと現実が一致しないのは、いまに始まったことではないようです。

高清水有子『秋篠宮さまと紀子さまの愛の十二章』（一九九一年、学習研究社）
服部幸造・美濃部重克・弓削繁 編『月庵酔醒記 中』（二〇〇八年、三弥井書店）
美濃部重克・榊原千鶴 編著『女訓抄』（二〇〇三年、三弥井書店）
湯沢雍彦『家庭内ジェンダーの原点 明治の結婚 明治の離婚』（二〇〇五年、角川選書）

Vol5

荒くれ反骨男たちを鍛える

興志塾塾頭　高場乱《たかばおさむ》（1831〜1891）

亀井塾の女性たち

天明四年（一七八四）二月、福岡藩に二つの藩校が開校しました。福岡城をはさんで、西に甘棠《かんとう》館、東に修猷《しゅうゆう》館です。修猷館が理念的な朱子学を講じ、むやみに自説を唱えてはならないという方針であったのに対して、甘棠館は、「学問即政治」との考えから、時局について自由に討論する開放的で個性を重んじる校風で知られていました。

荻生《おぎゅう》徂徠《そらい》学を学び、「福岡の猛虎」と呼ばれた甘棠館の館長、亀井《かめい》南冥《なんめい》は、亀門学という独自の学風を築きました。亀井門下には、秋月藩の原古処《こしょ》、豊後日田の広瀬《ひろせ》淡窓《たんそう》をはじめとして、多くの英才が育ち、南冥が亡くなった後も、筑前の漢学を支えました。

幕末、この亀井塾に学ぶふたりの女性がいました。南冥を祖父に、その嗣子《しし》の昭陽を父にもつ亀井少琹《しょうきん》（一七九八〜一八五七）と、古処の娘の原采蘋《さいひん》（一七九八〜一八五九）です。同い年でもあったふたりは、広瀬淡窓が「今の清紫」（今の時代の清少納言と紫式部）と讃えるほ

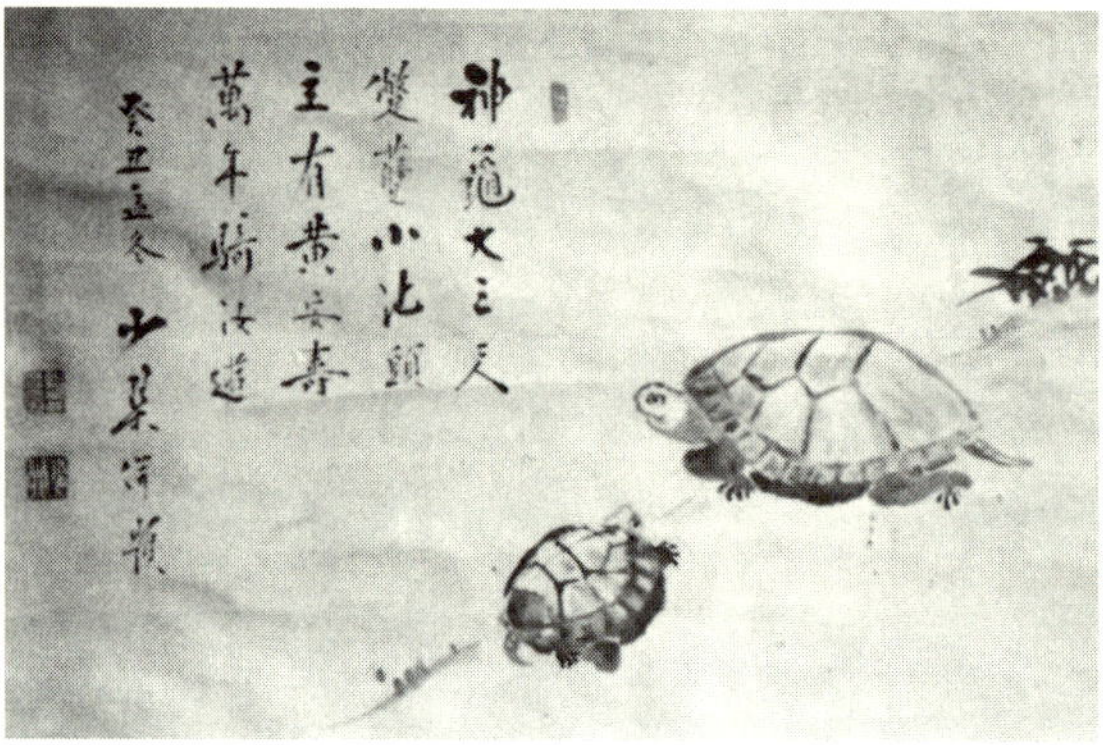

少琹「水墨 亀画」

どの才能を花開かせていました。

ふたりは八、九歳の頃から互いに行き来し、親しくしていたようです。門玲子は、少琹が眼を患ったとき、父の昭陽が古処に宛てた手紙を紹介しています。（『江戸女流文学の発見』）。そこでは、眼病を患い、手紙を読めない娘少琹のために、采蘋を連れて遊びに来てくれないか、と昭陽が古処に頼んでいます。漢学者といえば、厳格な風貌を思い描きがちですが、娘を思う父としての一面がうかがえる挿話です。

少琹は祖父南冥に画を、父昭陽に詩文を学び、とくに文人画に優れ、四君子（梅・菊・蘭・竹）を得意としました。十九歳のとき、縁戚の医師を養子に迎え、以後は夫の医業を助けるかたわら、門弟たちに『春秋左氏伝』の講義を行ったりもしました。

いっぽう采蘋は、「原詩亀文」（原古処の詩、亀井昭陽の文）と称された父古処の才能を受け継ぎ、梁川紅蘭《やながわこうらん》・江馬細香《えまさいこう》とともに近世三大閨秀詩人と謳われました。生涯独身を通し、

文化13年（1816）古処50歳のとき采蘋に与えた
「読源語五十四首」

刀を差した男装で、人生の大半を旅に生きた人でもありました。

古処は、自分の跡継ぎとした采蘋を愛し、『源氏物語』五十四帖を漢詩に詠んだ「読源語五十四首」を与えてもいます。

丁丑元旦、豊浦客中作

山駅風軽柳色春　　山駅　風は軽し　柳色の春
短篷亭子挙杯辰　　短篷亭子　杯を挙ぐるの辰《とき》
無端為客逢新歳　　端無くも客《かく》と為りて　新歳に逢い
始信東西南北人　　始めて信ず　東西南北の人

（山間の宿駅にも春は巡り来て、風は軽やかで柳の色もみずみしい春である。小さな苫屋の東屋で、杯をあげる。思いがけず、旅先で新年を迎えることになりはじめて納得した。私こそ、各地を旅する流浪の人であることを。）

文化十四年（一八一七）、父母とともに長門を訪れた二十歳の折の詩です。「東西南北人」とは、『礼記《らいき》』「檀弓《だんぐう》」に由来することばで、諸国を流浪する人の意です。采蘋の父古処の師にあたる亀井南冥は、かつて特別に彫らせた「東西南北人」の銅印を愛用していました。南冥亡き後、その銅印は、昭陽から古処に贈られ、古処の最期にあたって娘の采蘋に譲られました。各地を遊説し、文人たちとも交流を続けた采蘋にふさわしい遺品であったと言えましょう。

文政八年（一八二五）、父の勧めにより、采蘋はひとり江戸をめざします。このとき古処が贈った餞別の詩には、「名無クシテ、故城ニ入ルヲ許サズ」（その名を世に知られる成果を上げられないなら、故郷に戻ることは許さない）とあるそうです。娘に対しても、詩を究め、世の名声を得ることを求めました。父亡き後、采蘋は父の遺稿集を出版しようと旅に出ます。各地で詩を詠み、筆を振るうことで、出版費用を用意しようとしたのです。時に采蘋六十一歳。けれど、途中の萩で病を得、願いを果せないまま亡くなります。采蘋は、父より贈られた銅印と「読源語五十四首」を旅路の友としました。身なりは男性ながら、父の命にしたがい、父の名誉を願う〈父の娘〉でした。

高場乱

少琹と采蘋に遅れること三十余年の天保二年（一八三一）十一月、後に少琹、采蘋とともに「亀井塾の三傑」と称されることになる女性が博多に生まれます。父は眼科医の高場正山、高場家は二百年の伝統を持つ眼科医です。儲けた子どもが次々と夭折したことから、無事に育ってほしいとの願いを込めて、両親はこの子を「養命」と名付けます。

養命は、癇《かん》は強いものの、父が教える漢籍の理解も早く、利発な子どもでした。亀井塾出身の正山にしてみれば、将来、第二の少琹、あるいは采蘋となるかもしれないとの期待を抱かせる存在だったでしょう。そこで正山は、養命にとっては腹違いとなる兄をさしおき、養命に高場家の将来を託すことにします。家を継がせるならば男子として育てようと決め、十歳を迎えた頃には刀を差させ、男装させました。それは、成人した武士として、公的に認められることを意味します。そして名前も、「乱れを治める」の意から、「乱」と改めさせ、「おさむ」と読ませるようにしました。かつて采蘋がそうであったように、乱

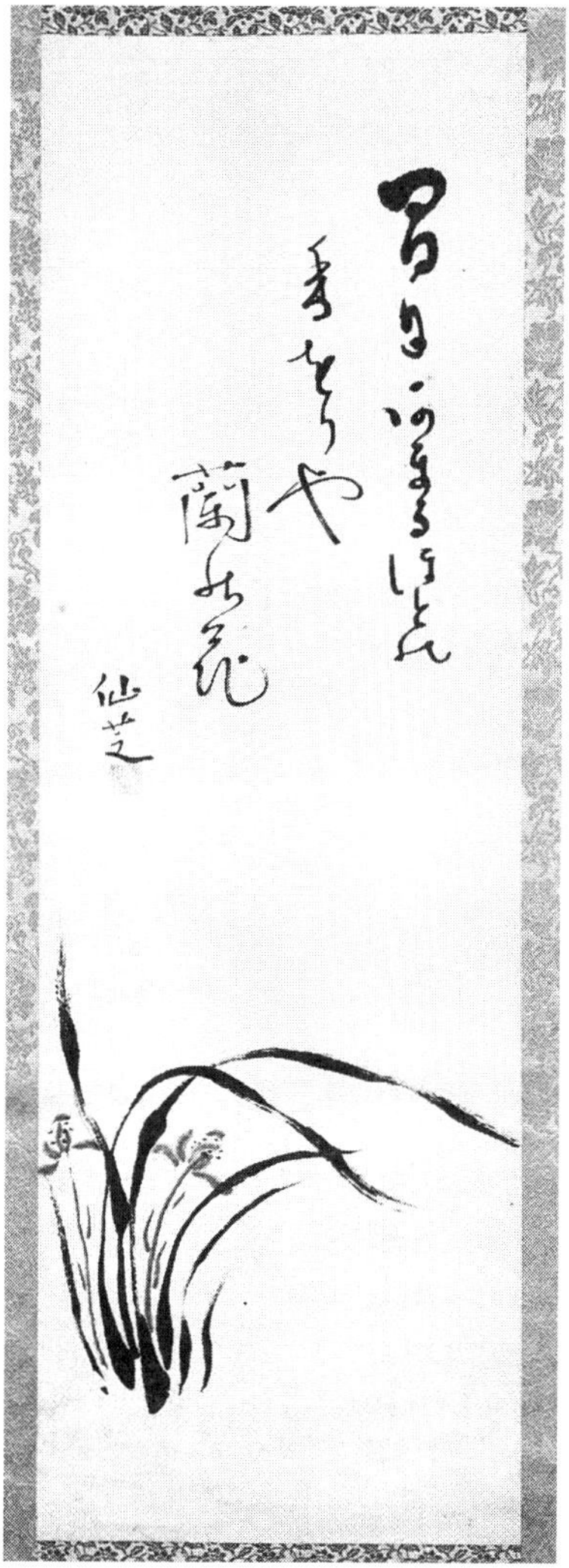
乱の書画「蘭の花」

もまた、〈父の娘〉として生きることを望まれる存在でした。

第三の道

男装の采蘋のようにと願ういっぽうで、才能を開花させつつ家庭人でもあった少琹の生き方もまた、正山は乱に望みました。男子として育てられはしても、裁縫や生花など、当時女性のたしなみとされた家内のことは、ひと通りこなすことのできる乱でした。

その乱が十六歳になったとき、正山は突然、乱の縁組みを思い立ちます。正山が病に倒れてからは、医師として後を継いでいた乱の戸惑いは、どれほどのものだったでしょう。結局この結婚は、すぐに破綻してしまいます。

正山だけでなく、おそらくは乱にとっても、少琹や采蘋は憧れの存在として意識されていたはずです。けれど幼き日、すでに高場家を継ぐ「男子」として生きることを決められた乱に、年頃になったからと言って、夫をもち、妻として生きろというのは、酷な話でした。采蘋のように旅に出て、見聞を広めたいとの思いもありましたが、もともと頭痛持ちで、身体も頑強でないうえ、傾きかかった高場家を立て直すという責務もあります。詰まるところ、少琹と采蘋、いずれの生き方も選ぶことのできない乱がいました。唯一、彼女らに倣うことができるとしたら、それは、志学の思いを受け継ぎ、漢学を極めることだけです。乱は、眼科医を続けながら、亀井塾の門をたたきます。

当時の心境を、乱は教え子に次のように語っています。

先生は夫婦別れをなして後、学に熱中し、地行亀井氏に通学せり。先生発憤の動機に就きては、聞けることあり。先生年若き時、庭にて草をとりしが、隣家某が、隣家も遂には我有とならんと私語せるを聞き、憤を発し、家財を二分し、夫婦別れをなし、自分は専心学に従事せるに至れりと。(伊東尾四郎「女儒高場乱」)

夫と別れ、勉学に熱中し、地元の亀井氏のもとで学ぶことにした。勉学を志したきっかけは、あるとき庭先で草取りをしていると、「経済的に困窮しているというお隣さん(高場家)の家屋も、いずれ私たちのものになるはずだ」と話す隣人のひそひそ話を耳にしたことだ。貧しさから自宅を人手に渡すようなことはあってはならないと気持ちを奮い立たせ、家財を二分し、半分を夫に渡して離縁し、学で身を立てようと決意した、と。

乱が入塾した当時、亀井塾で門弟を率いていたのは昭陽の後を継いだ暘洲でした。乱は豊かな学識をもつ暘洲を師として、四書五経などの解釈を行う経学に励み、亀井塾の四天王と呼ばれるほどの実力を養うとともに、易学でも免許皆伝を受けるまでになります。

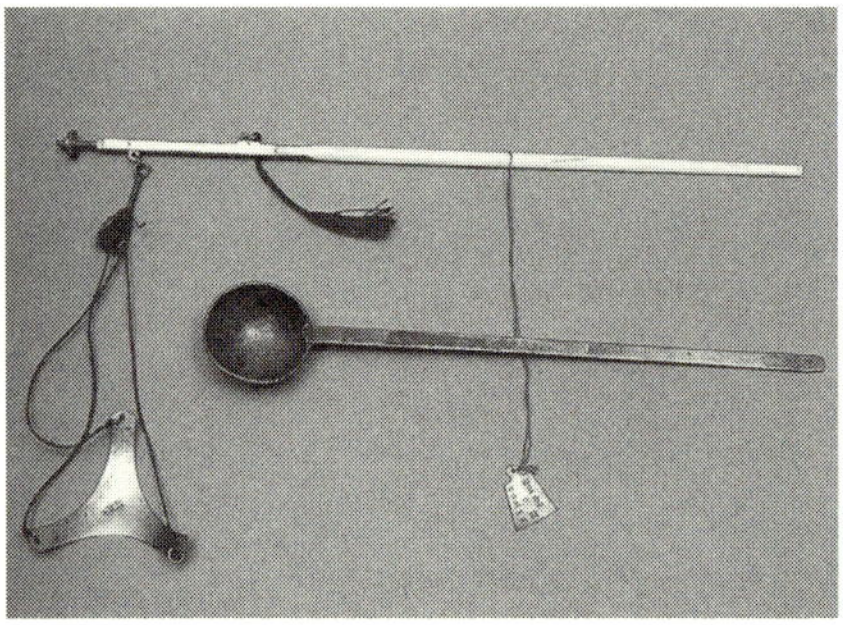
乱の調合用天秤

興志塾

やがて、乱の学識を慕って、乱のもとで学ぼうと若者たちがやって来るようになりました。乱は、眼科医の仕事と並行して、彼らに経学（四書・五経など経書を研究する学問）を講じるようになります。そして安政三年（一八五六）年、二十五歳のとき、興志塾を開きます。

塾の周辺には、福岡藩が薬用に栽培していた朝鮮人参の畑があったことから、塾は「人参畑塾」と呼ばれ、乱は、「人参畑の先生」、年老いてからは「人参畑の婆さん」と親しまれました。外出の際には馬や牛を用いることが多く、その姿は残された肖像画にしのぶことができます。興志塾に学んだ岸田信敏は、晩年の乱の風貌を次のように述べています。

容貌は普通、身体は小、声は大にして、女の声とは思はれざる程なり。眼の恐ろしき人なり。普通の女性と別に異りたることなし。常はやさしき人なり、されど怒ればむつかし。

高場乱の肖像画

髪は茶筌《ちゃせん》、外出の際は織編笠を被り、面を顕はさず。蝙蝠傘《こうもりがさ》は嫌ひなりき。下駄は桐の挽切にして、高きものを用ふ。緒は藁スボを捩《な》ひしものなど用ふ。着物は茶色と黄色の織混ぜの木綿物にして、夏も冬も同じ縞なりき。家人は「お祖父さま」と呼びたり。嗜好物は茶と煙草にして、酒は飲まず。茶は濃きを用ふ。（「女儒高場乱」）

乱が興志塾を開いた頃、長州では、乱とは一歳違いの吉田松陰が、松下《しょうか》村塾《そんじゅく》で幕末から維新にかけて指導者となる久坂玄瑞《くさかげんずい》、高杉晋作《たかすぎしんさく》、伊藤博文、山縣有朋《やまがたありとも》らを育てていました。松陰は、勅許を得ないまま日米修好通商条約が結ばれたことに激怒し、老中の暗殺を企てます。そして結局、尊王攘夷派を弾圧した大老・井伊《いい》直弼《なおすけ》による安政の大獄により、処刑されてしまいました。まさに幕末、激動の時代です。

興志塾には、勤王家の子弟で、反体制のエネルギーをもてあましている乱暴者が多く集いました。いまも福岡市のＪＲ博多駅近くの高層ビルが建ち並ぶ一角に、「人参畑塾趾」と刻まれた石碑が建っています。この字を書いたのは、塾生のひとりで、後に、欧米列国に対抗するアジア主義を唱えた玄洋社の総帥となる頭山満《とうやまみつる》です。頭山は、初めて高場塾を訪れた日のことを、次のように回想しています。

処が少し眼を病んだ。それから人参畑の高場乱子の許に行った。高場と云うのは眼医者じゃったから。するとこの高場の塾には、大勢乱暴な若者が集って居った。俺も仲間に入ろうと思って高場に話したら、

「やめたがいい、人を叩き倒して監獄に行く位は、何とも思って居ない者許《ばか》りじゃか

ら、とても無難には行けぬ、袋叩に位すぐ逢わされる」と云ってとめた。
しかしそれは面白いと思って、俺も仲間に入れてくれと云って、やって行った。
丁度大勢集って、何か煮て居る処であったから、俺は黙って一番に箸を取って食い始めた。変な面をして皆俺を見て居った。そこへ高場が心配して見えた。処が俺が矢《や》鱈《たら》に叩かれもせずに食っとるものじゃから、「あなたは如何した結構な事じゃろうかい、御馳走になって」と云って安心して帰って行った。

（『頭山満思想集成』）

新入りの頭山を気遣う乱の姿が、目に浮かびます。

乱は、風呂に入る前の塾生たちを庭に集め、自ら行司となって相撲を取らせたりもしました。風呂で石けんを使った塾生がいたと聞けば、男が石けんなど使うものではないと、叩いたそうです。塾生を叩く際には、火吹き竹や突っ張り竹など手近にあるものを手に、強く打ちました。荒くれたちを束ねるに足る豪快さも兼ね備えた先生だったのです。

頭山満書「人参畑塾趾」碑

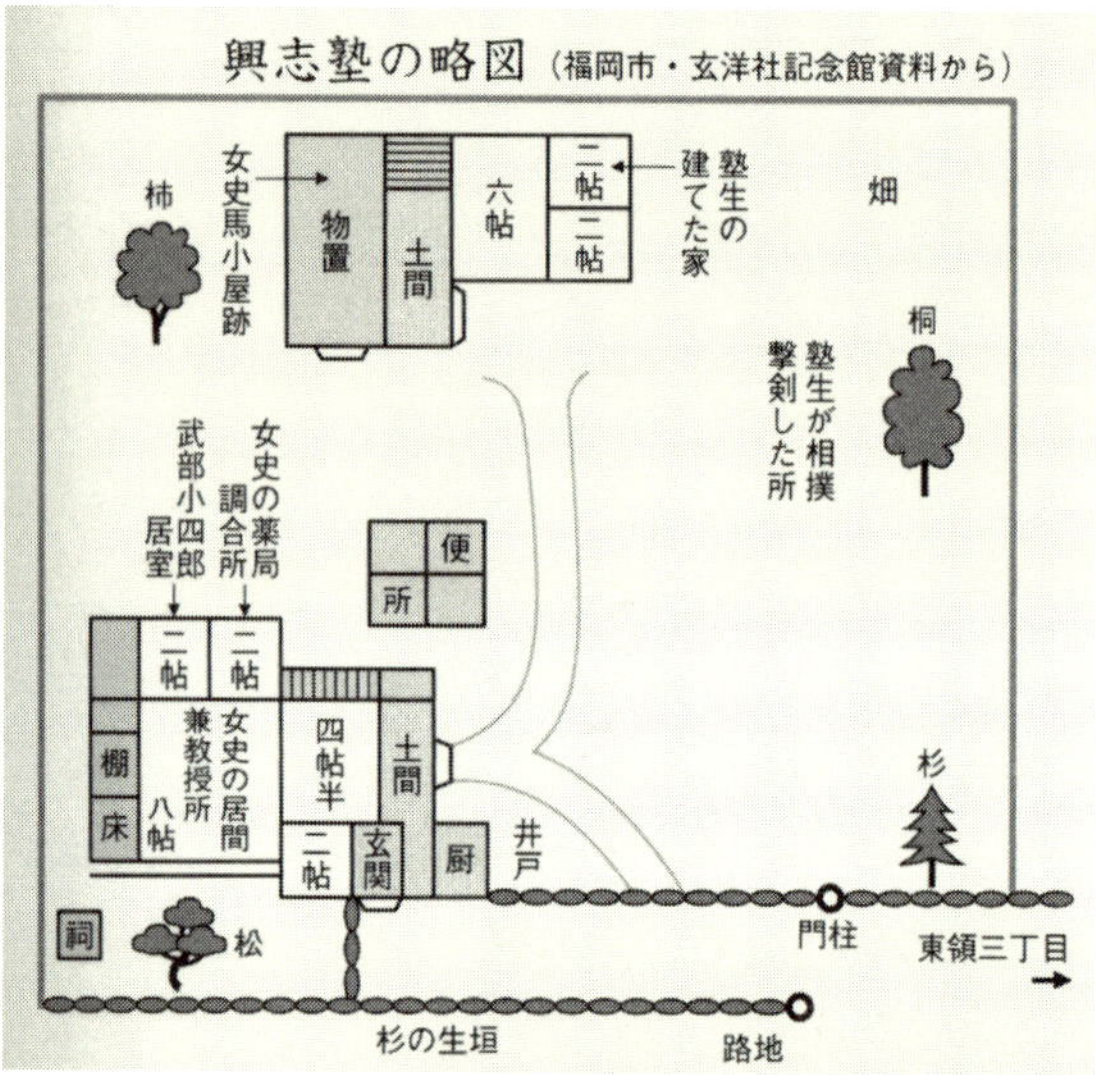

興志塾の略図

百年の計

乱は、書物を見なくても三時間は平気で講義をしたと言います。教科書は、『論語』『孟子』『尚処』『史記』『三国志』『水滸伝』などの漢籍に加えて、幕末には勤王の志士たちの必読書ともいわれた『靖献遺言』や、亀井南冥の『論語語由』、昭陽の『左伝纉考』、『徂徠集』といった国書です。乱は、印刷物は使わず、自ら書き写したものでなければ授業を受けることを許しませんでした。

頭山が、「無欲、恬淡《てんたん》、至誠、豪快の先生じゃった。教えは徹頭徹尾、実践だ。区々たる文章の枝葉末節など頓着なく、大綱だけを肚《はら》に入れさすのだ」（『人ありて　頭山満と玄洋社』）と講義の思い出を語っているように、書がいわんとするところを明らかにすることを主眼としました。かつて亀井塾で学んだ「学問即政治」の学風は、興志塾にも満ち、塾生たちへと受け継がれていました。

開塾にあたり、乱の胸には『菅子《かんし》』の次の一節があったといいます。

一年之計莫如樹穀　　一年の計は、穀を樹うるに如くはなし
十年之計莫如樹木　　十年の計は、木を樹うるに如くはなし
終身之計莫如樹人　　終身の計は、人を樹うるに如くはなし

（一年の計画を考えるならば、穀物を育てればよい。十年の計画ならば、木を植えればよい。一生をかけるのであれば、人を育てることにまさるものはない。）

「十年樹木、百年樹人」。幕末から明治へ、時代の大きなうねりのなかで、次代を担う若者を育て上げること、それを乱は自らの使命と思い定めました。少琹や采蘋とは異なる生き方を模索し、父の呪縛から解かれた先に、乱はようやく人生の目標を見つけたのです。

慈母と厳父と

教育者としての乱は、若者たちの眼にどう映ったのでしょう。

鞭をとれば秋霜烈日、毅然として厳父の面影を示す。一度鞭を措けば、春風駘蕩忽ち慈母の姿にかえる。

（『天翔る〈高場亂〉』）

乱は、養子として迎えた甥にも、自身を「父」と呼ばせましたが、塾生たちに深い愛情を注ぐ〈母〉でもありました。

後に「勤王の母」として志士たちに慕われることになる野村望東尼《もとに》は、乱の縁戚にあたります。望東尼は、五十四歳で夫を見送ると、和歌の師である大隈言道《ことみち》との再会や、京の都を観てみたいとの思いから、文久元年（一八六二）冬、家族の反対を押し切り旅に出ます。そして、京都で勤王の志士たちの活動を知り、激動する時勢を肌で感じ、福岡藩の今後に思いを馳せます。

旅から戻ったところで、平野国臣《くにおみ》が藩の獄舎に繋がれていると知り、密かに歌の贈答を始めます。国臣は、西郷隆盛らとも親交を持ち、倒幕をすすめた勤王の志士でした。亀井塾に学び、乱とは、ともに日本の将来を語り合う仲でもありました。

獄の内と外、和歌を仲立ちとした国臣との交流をきっかけに、望東尼は尊王攘夷運動に積極的に参画していくことになります。身の危険をも顧みず、ときに志士を匿《かくま》い、ときにその連携を手助けします。上京の折、世話になった京都の案内役から届く手紙は、志士たちにとっても、京の状況を知らせる貴重な情報源となりました。

なかでも、長州藩士の高杉晋作と望東尼との交友はつとに知られています。藩内の内部抗争から逃れるため、萩を離れた晋作は、望東尼の住む山荘に身を寄せます。後に福岡藩において、実権を握った佐幕派が勤王派を弾圧した際、望東尼は玄界灘の孤島姫島に幽閉されますが、このとき病床にありながら、望東尼の救出作戦を指揮したのは晋作でした。ようやく救い出された望東尼と、久々に再会を果たしたのも束の間、晋作は望東尼に看取られながら、二十七歳でこの世を去ります。晋作の辞世「おもしろきこともなき世をおもしろく」に、望東尼が「すみなすものは心なりけり」と付した挿話はよく知られています。若き志士の早すぎる死に、慈母の哀しみは、想像に余りあります。そして望東尼と同じく、乱もまた若者を慈しむ母でした。けれど時代は、愛弟子たちの死を前にしても、毅然とした〈厳父〉であり続けることを、乱に求めました。

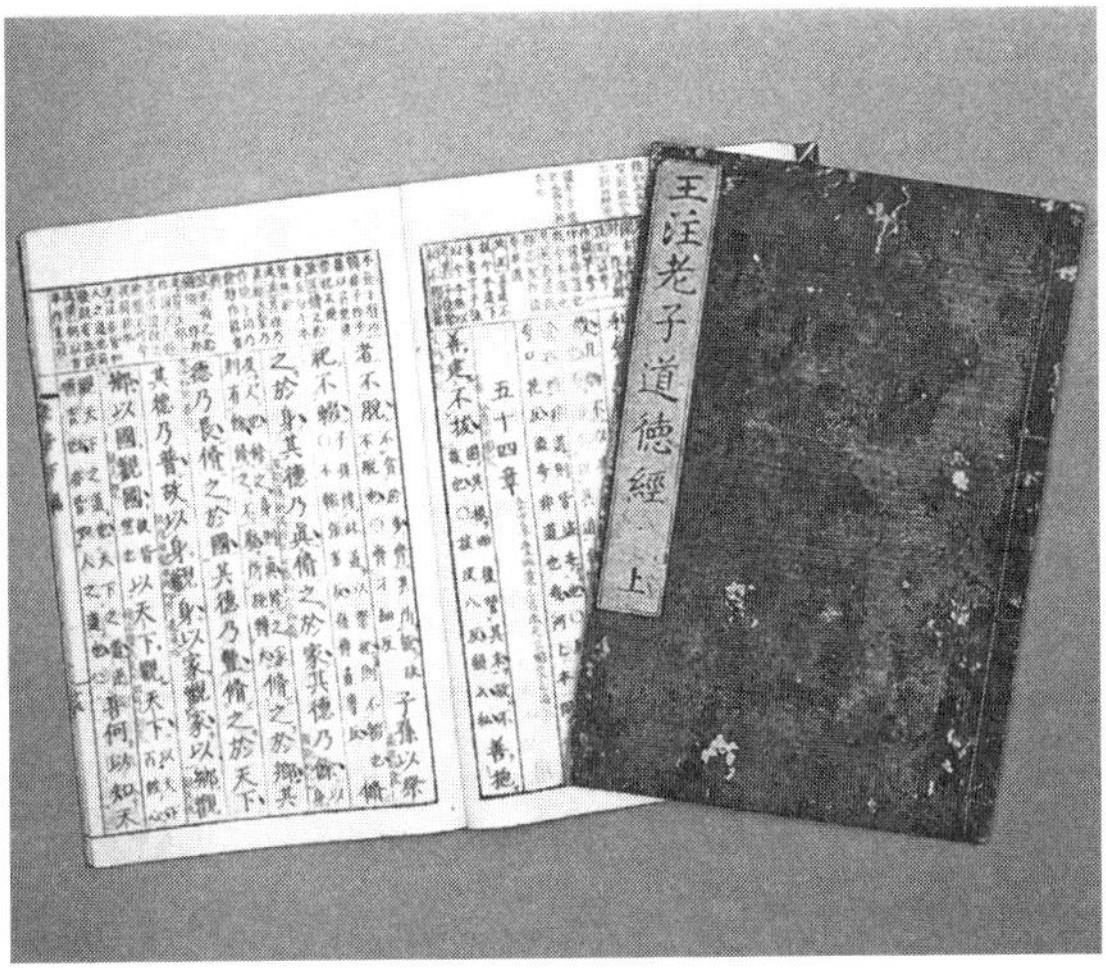

興志塾のテキスト

死に急ぐ塾生たち

明治九年（一八七六）から翌年にかけて、

早川松山画「萩一戦録」

塾生たちが連座する事件が起ります。山口県で起きた萩の乱、明治政府に対するこの士族の反乱では、頭山満、箱田六輔《はこだろくすけ》、進藤喜平太《しんどうきへいた》といった気鋭の塾生たちが、当時新政府の中枢にあった大久保利通《おおくぼとしみち》の暗殺を企て、その動きを察知した官憲に逮捕、投獄されてしまいます。このときはすぐに釈放はされたものの、乱もいったんは捕縛されています。

明治十年三月、今度は福岡の士族が反乱を起こします。西郷隆盛の決起を待ち続けた塾頭格の武部《たけべ》小《こ》四郎《しろう》、越智彦四郎《おちひこしろう》、平岡浩太郎《ひらおかこうたろう》らは、西郷軍の決起に呼応して兵を挙げたものの、すでに時遅く、田原坂の戦いは終わっていました。反乱に加わった士族の多くが、興志塾の関係者であったことから、塾生名簿は没収され、乱も捕らえられます。押し込められた牢獄では、越智ら塾生たちと再会し、ことばを交わすことはできましたが、彼らが生きて獄を出られないことは、乱も察していました。

明治十年の暴動の時捕へられ、越智彦四郎等も獄にありしが、獄も厳重ならず節穴より見ゆる故、越智は出入毎に先生に対し挨拶せり。或時越智に差入の牛肉の煮たるを先生に薦む。先生後日人に語りて曰く、牛肉も度々食したれど、差入の時の如く、美味なりしものあらずと。（「女儒高場乱」）

乱は、物欲とは縁遠い人でした。当時、入塾の際には束修《そくしゅう》といって、生徒は先生に金銭や飲食物を謝礼として持参するのが常でした。ある生徒が鯛二尾を束修として贈ったとき、乱は、一尾は自分、一尾は塾生の分とし、残る一尾は入門者に持ち帰らせました。饅頭を持参した生徒には、半分を持ち帰らせたそうです。他所から菓子などを贈られた際には、ひとつは食べても、残りはすべて塾生に与え、家族には与えなかったので、年長の塾生が気を利かして、乱の家族にも配ったといいます。学問には厳しくとも、若い塾生たちの寝食を常に気に懸けた乱です。

たとえ越智の勧めでも、ふだんの乱ならば、牛肉に多く箸を付けることはなかったでしょう。けれど、越智が刑場の露と消えることは、すでに決まっています。愛弟子の死はもはや避けられません。死を覚悟した越智が、牢につながれた師を気遣い、勧めてくれた牛肉です。乱はどのような思いで口にしたことでしょう。乱は、血気にはやる塾生たちを、止めることはできませんでした。大いなる可能性を秘めた彼らの前途が、むざむざと断ち切られていく、その姿を、黙って見届けることしかできませんでした。

なかでも痛恨の極みは、大隈重信《おおくましげのぶ》の暗殺を企て、自刃した来島恒喜《くるしまつねき》です。明治二十二年、不平等条約の改正に反対した来島は、外務省の門前で大隈に爆弾を投げつけます。炸裂を見届けた来島はその場で自害しました。大隈は右足切断の重傷を負いましたが、命はとりとめました。共謀の疑いをかけられた塾生たちは捕縛され、興志塾も警察の監視下に置かれました。嫌疑が晴れ、来島の遺骨を寺に安置した乱は、次の一首を詠じます。

ながらへて明治の年の秋ながら　心にあらぬ月を見るかな

「学問即政治」という信念のもと、厳しく若者たちを教え鍛えてきた乱でした。けれど結果としてその教育が、愛する塾生たちを早すぎる死へと駆り立ててしまったのかもしれない。来島の暴挙を怒りながら、乱は、胸が張り裂けそうな悲しみのなかにありました。

玄洋社

西南の役が終結した翌日、頭山らは釈放されます。福岡に戻った彼らは、博多湾の海の中道に開墾社を設立します。乱は招かれ、ここでも漢学を教えました。乱は、求められれば弟子たちが開いた塾へと出向き、若者たちを前に講義しました。明治十一年には、頭山、進藤、箱田ら塾生が中心となり、福岡本町に向陽社を設立します。

向陽社では創設後まもなく、萩の乱に連座した箱田らと、福岡の変に参加した平岡らが対立しました。このとき乱は、彼らに一通の手紙を送ります。そこには、もし、あくまでふたりが争うというのなら、私の首を斬った上でやりなさい、と書かれてありました。ここまで師に言われて、争いを続けるわけにはいきません。すぐに仲直りとなり、箱田、平岡、そして頭山らにより、明治十三年、向陽社あらため玄洋社が設立されます。

玄洋社は頭山を中心に、西洋列強に対抗し、自由民権から国家主義、さらには大アジア主義を掲げた独自の活動により知られた政治結社です。韓国の親日派政治家だった金日均、中国革命の志士孫文、インド独立の運動家だったラス・ビハリ・ボースらを支援し、アジアの自立をめざしました。昭和十二年（一九三七）日中戦争が始まった際、頭山は三男の秀三を自室に呼び、次のように語って聴かせたといいます。

馬鹿なことが始った。蔣介石氏は日本と中国とが相助けあはねばならぬと言う意義を尤も解し得る中国人の一人であることを俺が一番よく知っている。……（中略）……いかなる情勢にたちいたろうとも、いかなる耐へ難い問題がもちあがろうとも、日華の交はりを失ってはならない、もしもそれを失ふことがあればそれは日華両国の理想を失い、日華両国の真理を失ふことである。

（『大アジア燃ゆるまなざし 頭山満と玄洋社』）

玄洋社と玄洋社三傑 左から頭山満・平岡浩太郎・箱田六輔

開戦後も、和平のために活動した頭山ですが、戦火は止まず、やがて太平洋戦争が始まります。そして敗戦を迎えた昭和二十一年（一九四六）、GHQ（連語国軍総司令部）は、玄洋社に対して解散命令を下します。

燃ゆる魂

頭山は、玄洋社に集った若者たちに、次のように語りかけました。

太陽の光が輝けば蛍の光は消えてしまう
火種が強ければ火は燃え上る
一人で居ても淋しくない男になれ

（『大アジア燃ゆるまなざし 頭山満と玄洋社』）

胸の内に熱く燃える光源を抱え、自ら光を放つ男になれ。そうすれば、たとえひとりであろうと、孤独ではない。この燃え上がる火

インドの詩人・思想家タゴールの歓迎会。前列左から４人目が頭山、その右横がタゴール。後列左端にボース。

は、ＧＨＱが怖れた「狂気」にも繋がるものでした。

その頭山らを育んだ興志塾で、まさに光源としてあったのが乱です。

頭山は言います。

そうじゃそうじゃ。彼《あ》の婆さんの魂が、この日本を今日のように強い国にしたと云ってもいいのじゃ。彼の婆さんの魂が、今の朝鮮、満州から支那四百余州に行き渡り、遂には世界中に行き渡るのもそう遠いことではあるまい。（『頭山満思想集成』）

「その勇気と云い、学問と云い、心掛けと云い、相当にエライ大人の武士でも敵わない位」（『頭山満思想集成』）の立派な女志士は、燃ゆる魂を懐に、慈母と厳父、ふたつの顔をあわせもつ終生の「先生」として、彼らの心に生き続けたのです。

参考文献

門玲子『江戸女流文学の発見』（一九九八年、藤原書店）
福島理子『江戸漢詩選 第三巻「女流」』（一九九五年、岩波書店）
緒方無元『郷土先賢詩書画集』（一九七五年、郷土先賢顕彰会）
伊東尾四郎「女傑高場亂」（『筑紫史談』第四十六集、一九二九年四月）
頭山満『頭山満思想集成』（二〇一一年、書肆心水）
井川聡・小林寛『人ありて―頭山満と玄洋社』（二〇〇三年、海鳥社）
土井敦子『天翔る〈高場亂〉』（一九八八年、新潮社）
読売新聞西部本社編『大アジア燃ゆるまなざし 頭山満と玄洋社』（二〇〇一年、海鳥社）
福岡地方史研究会編『近世に生きる女たち』（一九九五年、海鳥社）
永畑道子『凜 近代日本の女魁・高場乱』（一九九七年、藤原書店）
『玄洋社社史』（一九一七年、玄洋社社史編纂会）
頭山満翁顕彰奉賛会『頭山満翁写真伝』（一九九三年、現代思潮新社）

Vol6 殖産興業を担う

富岡製糸場工女 和田英《わだえい》（1857〜1929）

殖産興業

安政五年（一八五八）、日米修好通商条約が締結され、函館、神奈川、長崎、新潟、兵庫の開港が決まります。翌安政六年に横浜港が開港されると、イギリスやアメリカの商館が建てられ、日本側の商人が横浜に品物を持ち込み売買するようになりました。開港当初から、日本の輸出品の第一は生糸でした。輸出額全体の五割、ときには八割を占めるほどで、一割程度で第二位の茶を大きく引き離していました。日本の国際化、近代化は、生糸から始まったと言っても過言ではありません。殖産興業、そして富国強兵を支える外貨獲得のためにも、生糸の品質向上は喫緊の課題でした。

明治四年（一八七一）、養蚕を奨励しようと、美子皇后は宮中での養蚕を思い立ちます。専門的な知識と経験を得たいと考えた美子の要請により、大蔵大丞《だいじょう》だった渋沢栄一が、養蚕室をはじめとする設備について助言することになりました。当時省内の高官は、養蚕に関する専門的な知識を持ち合わせない武士出身がほとんどでしたが、渋沢は、養蚕が盛ん

三代広重「女官養蚕之図」明治17年（1884）（東京農工大学附属繊維博物館蔵）

な武蔵国血洗島村（埼玉県深谷市）出身で、実家も養蚕を行っていたため、若干の知識がありました。渋沢は、縁戚にあたる田島武平に協力を求めます。武平は、養蚕全体の教師役である世話方となり、同じく群馬県島村を代表する養蚕家である田島弥平の娘らとともに、指導にあたることになりました。

初めの年、宮中では茶室が養蚕室にあてられました。美子はためらう女官たちを尻目に、卵からかえったばかりの蚕にふれ、残桑や糞の世話まで眠る間も惜しんで行います。石井研堂の『明治事物起原』には、「桑茶栽培の流行」として、皇后が養蚕業を習い始めたことで、国民一般も皇后の殖産興業に懸ける思いを察したこと、その結果、東京でも多少の空き地があれば、人々は桑を栽培し、翌年の明治五年には一種の流行になっていたとあります。

こうした皇后の姿は、発行され始めたばかりの新聞でも取り上げられました。大蔵省は在京二紙を買い上げ、それを各県に配布することで、皇后による養蚕を広く全国に伝えました。すでにマスメディアの効果に気付いていた渋沢による措置であったと思われます。

富岡製糸場

慶応三年（一八六七）、一橋家の家臣だった渋沢は、慶喜の弟の昭武を使節とするパリ万博博覧会に随行し、製糸機械にも注目していました。帰国後、慶喜のもとで商法会所を設立し、実績を上げていきます。やがてその手腕を認めた大隈重信により、渋沢は経済官僚として民部省に登用されることになります。

明治三年、政府は「官営製糸場設立の議」を決します。政府の資本により、模範的な工場を設立することで、良質な生糸の大量生産を図ろうとしたのです。所轄は民部省、渋沢や後に初代場長となった尾高惇忠《あつただ》らが担当することとなりました。尾高は、渋沢の漢学の師で、妻の兄でもあり、かつ、田島武平、弥平とも親しく、養蚕に精通していました。

官営工場にはヨーロッパ式の器械を導入することとなり、指導者のお雇い外国人としてポール・ブリュナが雇い入れられます。ブリュナは民部省の役人たちとともに養蚕業が盛んな地域を踏査し、富岡を最適地に選びました。工女は全国から募ることとし、技術を習得した後には地元に戻り、指導者として新技術の伝播に務めることが計画されました。各

長谷川竹葉「上州富岡製糸場之図」明治９年（1876）（東京農工大学附属繊維博物館蔵）

地の指導者を養成する場として、富岡製糸場は、「模範工場」と位置づけられたのです。

富岡製糸場にいまも残る鬼瓦には、伊藤博文がデザインさせたという日の出の図柄が描かれています。横須賀造船所、大蔵省造幣寮とともに明治初めの三大官営工場として創設された富岡製糸場は、まさに日本の夜明けを象徴する建物でした。

威容を誇る糸繰り場は、長さ約一四一・八メートル、幅約一二・六メートル、一七八七平方メートルほど、高さ一一・八メートルの煉瓦造りで、一六八個の硝子窓が取り付けられていました。富岡製糸場にはこのほかに、約一〇四メートル×約一二メートルの置繭所が東西に二つ、約五六メートル×約九メートルの工女寄宿所が二棟、約三二メートル×約九メートルの賄い所、ブリュナ夫妻をはじめ、外国人技師や工女の住まいやフランス人医師が常駐する診療所もありました。

労働環境についてもブリュナらの意見が入れられ、週に一日の休み（日曜）を確保し、一日の労働は、朝七時に就業、九時から三十分休み、十二時に昼食で一時間休み、四時半までと、西欧を基準とした内容になっていました。朝早くから、日が暮れても夜なべ仕事に追われる農家の生活と較べれば、当時としては画期的な環境だったといえます。病気になった工女は、診療所で医師による診察や治療を受けることもできました。

　とはいえ、必要とされた労働者は、故郷から離された十代を中心とする若い女性たちです。なかには、この富岡で命を落とした者たちもいました。明治六年から明治二十五年までの官営富岡製糸場時代に亡くなった工女は五十二人を数えます。創設時の富岡は、後に劣悪な環境によって知られる「女工哀史」の世界とは一線を画す存在でしたが、労働だけでなく、寄宿舎を含めた生活のすべてが雇用主に管理されるという新たな労働形態の出現は、女性たちに負担を強いるものであったことは事実です。

龍光寺（富岡市富岡）

　けれど工女たちは、慣れない環境下でも、懸命に責務を果たそうとしました。明治六年、富岡製糸場を訪れたお雇い外国人ブスケは、そこで働く五〇〇人の工女たちがきわめて知的であることと、その手先の器用さに驚いています。

横田英

ブスケが富岡を訪れた頃、新人工女の代表格だったのが、松代藩士の横田数馬と亀代子の娘の英です。政府の期待に反して、当初、工女の募集は難航しました。長野県庁の達しにより、松代周辺地域の区長だった数馬が募集を呼び掛けても、外国人に生き血を吸われるの、油を絞られるの、といった風聞により、応募する者はいませんでした。挙句の果てに、年頃の娘がいるにもかかわらず、区長が娘を出さないのが何よりの証拠と言われ、数馬は英に富岡行きを提案します。

英はすでに和田盛治と婚約していたにもかかわらず、父の提案に乗り気で、富岡に行けば学校もあって学問もできる、織物も習えると喜び勇んで準備をし始めました。するとその姿を見た近隣の娘たちも、ならば私もとなり、許嫁の姉にあたる和田初も含めた総勢十六名が、松代からの応募者となりました。ときに英十五歳、十六名のうち、士族は十一名、平民は五名でした。

いっぽう全国では、村内での話し合いの結果、娘を差し出せと迫られ、四十両もらえば娘は死んでも構わないと、まるで人身売買のような取り決めにより応募に至った場合もありました。男性が徴兵令により軍隊に取られるのと同じように、工女の調達もまた、国がなかば強制的に行った面のあることは否定できません。

明治六年三月、伝習工女として入場した英は、そのわずか三ヶ月後、皇太后と皇后による行啓の場に臨むことになります。英はこのときのことを次のように記しています。

私はその頃未だ業も未じゅくでありましたが、一生けん命に切らさぬように気を付けておりました。初めは手がふるい《（ママ）》て困りましたが、心を静めましてようよう常の通りになりましたから、私は実にもったいないことながら、この時竜顔を拝さねば生がい拝すことは出来ぬと存じましたから、よくよく顔を上げぬようにして拝しました。この時の有難さ、ただいままで一日も忘れたことはありませぬ。私はこの時、もはや神様とより外思いませんでした。六百名から工女がおりますから、ずいぶん美しいと日頃思った人が御座いますが、その人の顔を見ますと血色が土気色のように見い《（ママ）》まして、実に驚きました。これより以上申しましては不敬に当りますから見合せます。

（『定本 富岡日記』）

場内巡視を終えた皇后美子は、彼女ら工女の活躍を願い、次の一首を詠みました。

いとぐるまとくもめぐりて大御代の　富をたすくる道ひらけつゝ

「**富岡製糸場行啓**」（明治神宮聖徳記念絵画館蔵）

皇太后、皇后による場内見学、そして、工女らの働きが、国の繁栄に直結するというお墨付きは、工女たちに仕事への誇りを抱かせました。後には次のような唱歌も作られ、「糸で銃を買う」富国強兵、軍事国家としての日本の近代化は、進められていきます。

抑々生糸は我が国の　輸出品の
第一で　盛んになれば国栄え
良い糸製れば国ぞ富む　されば
従ふ乙女等よ　国の為なり家の為　励みて忠臣孝子ぞと　香ばしき名を挙げよかし

国益のために富岡製糸場で働くことは、家の名誉でもあったことが知られます。

富岡製糸場の工女と云へば大変な権威がありました。それは大蔵省の製糸場であり入場してゐる者が徳川旗本のお嬢様ばかりでありましたから、町に出ても指一本さされるということはありませんでした。

（『絹ひとすじの青春』）

「徳川旗本のお嬢様ばかり」というのは事実に反しますが、士族の娘たちの誇りを垣間見ることができます。

伝習工女たち

英たちに続いて、東京見物を終えた山口県の工女たちが、人力車四十輛《りょう》を連ねて富岡に入場しました。なかには政府の実力者である井上馨《かおる》の姪たちもおり、彼女たちは、神戸から横浜まではアメリカ船ニューヨーク丸、横浜から東京新橋までは前年に開通したばかりの蒸気機関車を使っての旅でした。新政府の中枢に多くの官僚を配し、富岡製糸場でも男子取り締まりに多くを占めていた山口勢は、場内でも幅をきかせていました。

山口の工女たちは、英たち松代の工女たちが難渋していた繭えりを飛び越え、すぐさま糸取りを任されました。薩長藩閥政治という現実の力関係を背景とした措置だったと考えられます。けれど、松代の工女たちの失望は大きく、昼休みには申し合わせたように、みな英の部屋に集まってきました。富岡で、どれほど辛く悲しいことがあろうとも、それを国元に知らせて親兄弟を煩わせることはしないと約束し合った彼女たちです。このような依怙《えこ》贔屓《ひいき》がまかり通るようでは、この先どのようなことをされるか分からないと、悔しさに泣くばかりでした。

彼女たちの様子を不審に思った役人が、英を呼び出し事情を尋ねます。英は、理路整然と自分たちの主張を述べ、その不当さを訴えました。結局上司は、今回のことは西洋人による間違いと、責任を西洋人に転嫁をすることで事を収め、英らの待遇は見直されます。この出来事に留まらず、英の毅然とした態度は、工女たちの中でも際立っていました。

我が業を専一に致しまして、人後にならぬようつづけていますと、皆愛して下さるように思われます。私ども一行は野中の一本杉の如く、役人も書生も中廻りも一人も松代の人など有りませんが、皆一心に精を出しましたから、上は尾高様より下は書生中廻りに至るまで、皆台は違った所におりましたが愛されておりましたから、帰国の折も皆さんから名残をおしまれました。ちと申し過ぎますかも知れませんが、少しもかざりのないところであります。

（『定本　富岡日記』）

一心に仕事に励み、人後に落ちない技術を身につけること。「野中の一本杉」のように抜きんでた実力により、自分の価値を他に認知させることに徹するべきであるという考えに、職業人としての覚悟と誇りを見ます。

富岡製糸場初代所長の尾高惇忠《あつただ》は、英の父の横田数馬に宛てた手紙のなかで、松代の娘たちがみな、着実に技術を習得していることに加え、英の神妙さを誉め称えています。英はまさに模範工女でした。身につけた技術を郷里で活かし、地域に生活の拠点を築こうとの思いを胸に、帰途に就こうとした英らに向けて、尾高は、「繰婦は兵隊に勝る」としたためた手紙を手渡したといいます。国のために戦場に行き、命を懸けて戦う兵隊よりも、生糸業により国富を産み出す工女の方が上であると、その価値を高く評価したのです。

こうして工女の鑑《かがみ》のような存在となった英ですが、その英にも、自身の勇気のなさを自覚させる出来事が起こります。富岡では、見習い期間に手ほどきをしてくれた先輩の工女と師弟関係を結び、その繋がりを公言するのが習わしとなっていました。英は、ふたりの女性に指導を受けました。とくに最初の工女は優しく、姉のように英に接してくれました。英もまた、西洋人直伝の技術をもつこの先輩工女を尊敬していました。けれどあるとき英は、彼女が「新平民」であることを知ります。

富岡製糸場初代所長・尾高惇忠

明治四年、封建的身分制度の最下層に位置付けられていた従来の「えた・非人」身分を廃止しする法律が制定されます。これにより法的・制度的に身分差別は廃止されたわけですが、実態としての差別は依然としてありました。そこで新たに用いられるようになったのが「新平民」という呼称です。西洋の技術者が、この先輩工女の教育に熱心だった背景には、差別を乗り越えていける実力を授けようとの思いもあったのでしょう。しかし英は、「新平民」ということばを耳にして以降、二度と師として彼女の名を口にすることはありませんでした。英は後年、「実にすまぬこと」と、彼女への謝罪のことばを記しています。いまだ社会に根強くある差別意識を、英もまた超えることはできずにいました。

西条製糸場

富岡での一年三ヶ月にわたる伝習を終えた英ら松代の工女たちは、身につけた技術を郷里の製糸場で活かすべく、帰途に就きます。このときすでに松代町の郊外にある西条村東六工には、富岡製糸場に模したフランス式の製糸場ができていました。西条村は人口の約六割が士族という環境のため、廃藩後、生活の糧を得る手段として養蚕業に大きな期待を寄せ、経営者八人のうち士族は七人を占めていました。富岡で身につけた技術の成果が試される、英たち伝習工女の双肩に、地域の将来が懸かっていました。

富岡製糸場と同じ蒸気器械製糸場とはいえ、機材にあてられる資金には大きな差があります。国を挙げて創設された官営工場の設備に及ぶはずもありません。不十分な器械を前に、思わず愚痴を漏らす工女もいました。けれど西条製糸場には、試行錯誤を繰り返し、並々ならぬ粘り強さと努力の末に、蒸気器械の制作に励む工男たちがいました。彼らのひたすらな姿を目にした英たちは、ともに力を合わせることで、設備の不十分さを克服しようとします。そして、富岡での経験を活かし、器械製糸業を地域の生活の拠点とするために何が必要なのかを、経営者にも伝えていきました。

あるとき、経営の困難さから、蒸気器械製糸の優れた点を理解しない経営者が、座繰りへの転換を図ろうとしたことがありました。品質は器械の方がはるかに勝っているものの、目方は座繰りの方が多かったからです。品質と目方、自分たちの技術が蔑ろにされたことに、伝習工女たちは激怒しました。全員退場を言い出す工女もいましたが、相談の末、経営者たちに自分たちの主張を伝え、交渉を試みることになりました。工女たちは、経営者を自分たちの部屋に呼び出し、代表の英が、次のように述べました。

さて、今日皆様方にお出を願いましたは別の事でもありませぬ。この度お里さんが糸をおとりになりまして、目方が多く出ましたに付き、私ども一同にもあのように煮てとらせると仰せられたと申すことを私ども承りました。一応御尤のようでありますが、私どもとて煮てとるくらいなら富岡までわざわざしゅ行には参りませぬ。生糸こそ習って参りましたが、ねり糸は覚えて参りません。つまり価がわからぬから皆様も御心配になりますことでありますから、お里様のおとりになりました糸と私どもが繰りました糸、双方横浜へお遣わし、西洋人に価を付けさせて下さいますよう。万一尓り双方価が違いませんで、煮てとります方が製糸場の御利益になると申すことになりますれば何も国の為でありますから、一同改正致します。何を申すも西洋人を相手のことでありますから、その方を聞かぬ先には決して改正することは出来ませぬ。尾高様へたいしてもすみませぬ。これは私の考えで御座いますが、板にたとい（ママ）て見ましても、かんなをかけぬ板とかけた板では、申すまでもなくかけぬ板が厚くてかさが多くあります。それで価はどうかと申しますと、薄くてかさの少ないかけた板の方が価が高う御座います。この道理から見ましたも、目は少々切れましても価が高くありますれば、良品を製します方が国の為かと存じます。

（『定本 富岡日記』）

技術の後退となる練り糸にいまさら戻るというのなら、自分たちは何のためにわざわざ富岡まで技術を学びに行ったのか。営利が目的である以上、どちらが高く海外に売れるか、横浜にいる外国人商人に値段を付けてもらい、その結果で器械か座繰りかを決めれば良いと提案しています。かんなの有無による板のたとえも分かりやすく、英の説明は堂に入っています。わずか十七歳の女性が、父親ほどの経営者たちを前に、理路整然とこうした主張を繰り広げたのです。技術を持ち、現場を知る彼女たちの発言を覆す何ものも、経営者たちは持ち合わせていませんでした。

結局、中心的経営者である大里忠一郎らは、試しにやってみただけのこと、できるかぎり目方の出るようにしてほしいと伝習工女たちに要望するのが精一杯でした。後に器械生糸を横浜に売りに行ったところ、座繰りより四十パーセント以上の高値で売れ、英たちの主張の正当性は証明され、以後、座繰りへの転換が話題に上ることはありませんでした。

ストライキ

開業二年目を迎えた初日、富岡の伝習工女たちは、英の実家である横田家に勢揃いし、西条製糸場に出かけました。すると、前年には彼女たちが務めていた中廻りの仕事を見知らぬ女性が行っています。大里ら製糸場関係者からは何の説明もありません。聞くところでは、福島県二本松製糸場に勤めたことのある女性と、他にも二本松製糸場にいたという工女や工男たちが、富岡帰りの工女がどれほどのもの

明治10年（1877）頃使用の
六工社製輸出生糸の商標

か、自分たちならば世界無比の良品を作ることができると豪語したと言います。

腹を立てた英は、帳場の火鉢の前にいた大里に向かって、「大里様、長々御厄介になりまして有難う存じます。これでお暇申します」と言うなり外に駆け出しました。他の工女たちも、「有難う。有難う」と挨拶もそこそこに、英を追って製糸場を後にしていきます。大里は何ごとが起きたのかと呆然とするだけでした。

自宅に戻った英は、事の次第を母の亀代子に話します。亀代子は、彼女たちの行動を全面的に支持することになります。以前から横田家に出入りし、目をかけていた若者で、工男として西条製糸場で働いていた海沼房太郎も説得に駆けつけました。けれど亀代子は、経営者に次のように伝えるようにと、けんもほろろの対応で、とりつく島もありません。

いや、もはやお英は決して出さぬ。又出るにも及ばぬ。あられにましたる程の方々がおいでになったそうだからその方々に六工社を御引渡し申せば、このような安心なことはない。お前が何程申しても、参る必要はないから出さぬ。又迎い《ママ》に来るはずもないではないか。社に帰って「長々御厄介になって有難う、まずまずそのようなお腕のある方がお出になって結構だ」と私が申したと伝い《ママ》てくれ。

（『定本 富岡日記』）

困った大里は横田家を訪れ、中廻りに採用した二本松製糸場の女性に糸をとらせたところ、できが悪かったことから辞めさせたと話します。そこで亀代子は、英たちを製糸場に戻すことを約束し、結局英らによるストライキは、一日で幕引きとなりました。

亀代子は、事の成り行きに、「それみたことか」と笑う英たちにも、苦言を呈することは忘れませんでした。大里が、せっかく雇った人たちを辞めさせてまで、娘たちの顔を立てた以上、これからはますます仕事に精を出し、製糸場の発展に力を尽くすように、決して大きな顔をすることなく、つまらぬ苦情も口にしないように、と諭したのでした。

このような紆余曲折はあったものの、西条製糸場は、全国各地から工女や設備の見学者が訪れる日本型民間蒸気器械製糸の模範工場になっていきます。工女たちにも、夜は勉学に励む環境が整えられました。少し後のこととなりますが、明治三十一年（一八九八）、当地を訪れた女子教育家の下田歌子は、すでに六工社と名を改めていた西条製糸場を訪れ、そのときの感想を次のように記しています。

大里忠一郎

こゝの工女は、大方、この地の住人にて、旧士族の女児も、多く交れりと聞しが、げに其労《いたづ》くさまも、世の工業に従事せるものとかはりて、人がらも無下《むげ》に卑からず、女学生などやうの心地するは、いとあらまほし。傭主《やといぬし》もことに心して、夜は二時間計りづゝ、読書算術等を学ばせらるゝよし、いといみじきことなりや。

（『信越紀行』）

母亀代子の思いと横田家

このとき歌子は、欧米女子教育の視察を終えたばかりでした。歌子は、上流の女性に偏りがちな教育を、広く一般女性にも与える必要を感じ、帝国婦人協会を設立します。歌子の活動は全国的な反響を呼び、地方からの要請を受けた歌子は全国遊説に出かけることとなり、最初に選んだのが信越地方でした。

信州松代で、協会設立の趣旨と女子教育について、さらに同地出身の思想家である佐久間象山《しょうざん》の事跡を語った歌子は、象山と交流のあった横田機応の娘で、象山の後を継ぐ人材として藩主真田幸貫《ゆきつら》に期待された九郎左衛門の妹にあたる亀代子と会います。

亀代子の兄の九郎左衛門は、幕末、藩の富国策として千曲川の通船工事を進めました。けれど幕府の横やりにより計画は頓挫し、横田家には借財と「山師《やまし》」（投機的な事業で大もうけを狙う人）という悪評だけが残されました。しかも再起を期し、江戸幕府直轄の学問所である昌平黌《しょうへいこう》で学ぼうと江戸に上った九郎左衛門は、すぐに頭角を現したものの、チフスにかかり、志を果たせぬまま二十八歳で亡くなってしまいます。亀代子はすでに決まっていた嫁ぎ先を断り、養子を迎えて横田家を継ぐことを決意します。家名再興は亀代子の悲願であり、それはいつしか娘英の、願うところとなりました。

英を富岡に向かわせたおそらく最大の動機は、この横田家の家意識であったと思われます。

大里らに自分たちの主張をぶつけたときの心情を、英は次のように回想しています。

又六工社へ参りましては、父が先立ちでおすすめ申しましたこの製糸場が不成功に終りますれば、世間の人に忘れられていますところの大滝一条も又人々の口の端にかかり、先代もああだから又この度も人にすすめてこのようなことになったと申されるであろうと存じますところから、人様の思召も自分の年も打忘れ、大里様初め元方御一同や仲間の人々の前をも恐れず自分の考え通りを申すのであります。以上記しましたような事情が有りませねば、私とてわずか十八歳くらいの年でこの勇気は出ませぬ。その時はそのようにも思いませんでしたが、さぞ皆様が年にも似合わぬ出過ぎ者だとお思いになりましたことであろうと存じます。ふだんは、人様にお話もろくろく出来ぬ私も、この業に付きましてのお話になりますと、心に有るだけのことを申しておりました。その勇気の原因は皆叔父《ママ》が地下に眠り兼ねていますところの富国強兵が元で、この私にまでこの勇気を与えましたのでありますす

（『定本 富岡日記』）

もし、西条製糸場が失敗すれば、世間はかつての通船工事のことを持ち出し、横田家はまたしても「山師」であるとの不名誉をこうむることになろう。それだけはどんなことをしても避けなければならない。その思いが、私を動かし、口を開かせた。その勇気は、地下に眠る伯父、九郎左衛門が私に与えてくれたものだ、と言っています。

横田英から和田英へ

西条製糸場での仕事ぶりが認められた英は、明治十一年（一八七八）、明治天皇巡幸にあわせて長野県が完成させた県営模範製糸場の製糸教授に抜擢されます。けれど明治十三年、父の数馬が亡くなった翌月、許嫁だった和田盛治と結婚し、家庭に入ります。母亀代子のもとには、数馬との間の三男三女に加えて妾腹の二女が残されました。亀代子は一家の柱となり、彼らを育て上げます。

やがて長じた三人の息子はそれぞれ、大審院長、鉄道大臣、朝鮮高等法院長を勤めるまでの立身出世を果たし、横田家はまさに、世間が羨む近代日本のエリート一家となったのです。英はその感慨を次のように記します。

弟等がただいまの地位までこぎ付けましたのも一朝一夕の事ではありませぬ。六十年の昔祖父と叔父《ママ》とが種をまき両親によってばい養され、ただいまようよう実を結び初

（『定本 富岡日記』）

めたところであります。

結婚後、松代を離れた英は、以後どれほど親しい間柄の人にも、かつて製糸業に携わった経歴は隠しました。親友は誤解しなくても、他に漏れれば、「身のあだ」となることを恐れたのです。時代の流れのなかで、もはや製糸業は、かつての英たちのような士族の娘たちが従事するものではなくなりつつありました。家計を助けるため、なかば売られるように連れて行かれる貧しい農家の娘たちが、過酷な労働を強いられる「女工哀史」の時代は、すぐそこに迫っていました。製糸場で働いたという過去は、氏や育ちを問われ、家名を汚すことになりかねないと英は考えたのです。

けれど日清・日露の戦いに従軍した夫に付き従いながら、やがて五十歳を迎えたとき、英は突如として、工女時代の若き日の体験を綴り始めます。これが世に『富岡日記』と総称される一連の記録です。

英は、新しい時代の幕開けの、まさにその稀有な一瞬に立ち会った自身の体験が、歴史的記録として価値のあることを、十分に理解していました。自分が学び身につけた知識や技術は、たしかにこの国の発展に繋がっている。そうした誇りを胸に、懸命にはたらいた若き女性の記録を残そうとしたのです。筆を執る直接のきっかけは、闘病中の母を見舞うための帰省でした。

横田家の人々。二列目中央が亀代子、左隣が英

自分が従事致しましたところの業がますます隆盛になりまして、帰省致すごとに汽笛の数がまして参ります。この業によって松代も段々栄い（ママ）て参ります。母も日々この音を聞いて喜んだり楽しんだり致しているであろうと日々考えております。祖父も叔父も父も、地下でこの音を聞きます時は百千の僧の読経より嬉しく思いますでありましょうと、そればかり私は喜んでいます。

（『定本 富岡日記』）

明治四十三年、亀代子が亡くなります。亀代子は、明治二十一年設立の松代婦人協会初代会頭でもあり、松代の地で良妻賢母として顕彰される存在となっていました。英は翌年、母の教えを『亀代子の躾《しつけ》』としてまとめます。

人は苦労するために生れて来たのだ。楽をするためには生れて来ぬ。人はいかなる身分にても決して遊んで居てはならぬ。一生、命の有る限り、手足のきく間、働かねばならぬ。

（『亀代子の躾』『定本 富岡日記』）

こうした母の教えは、英の果敢な挑戦を可能にするものでした。

近代日本の胎動期に、職業人としての誇りを胸に、主体的に生きようとした一工女は、同時に強い家意識に支えられ、育まれた女性でもありました。

参考文献

鈴木芳行『蚕にみる明治維新 渋沢栄一と養蚕教師』（二〇一一年、吉川弘文館）
石井研堂『明治事物起源』（国立国会図書館近代デジタルライブラリーで閲覧可能）
和田英、上条宏之校訂解題『定本 富岡日記』（一九七六年、創樹社）
鶴見俊輔『ひとが生まれる 五人の日本人の肖像』（一九七二年、筑摩書房）
『信濃教育 特集 和田英』（一九七二年、信濃教育会）
上条宏之『絹ひとすじの青春 『富岡日記』にみる日本の近代』（一九七八年、日本放送出版協会）
和田英、今井幹夫編『精読富岡日記 富岡入場略記』（一九九九年、群馬県文化事業振興会）

佐滝剛弘『日本のシルクロード 富岡製糸場と絹産業遺産群』（二〇〇七年、中公新書ラクレ）
田島民著・高良留美子編『宮中養蚕日記』（二〇〇九年、ドメス出版）
下田歌子『信越紀行』（一九〇〇年、帝国婦人協会）
ブスケ、野田良之・久野桂一郎共訳『日本見聞記 フランス人の見た明治初期の日本1』（一九七七年、みすず書房）

海外に紹介された少女

ちりめん本の世界

『日本の人々の生活』長谷川武次郎著、新井芳宗絵、明治28年（1895）

明治に入って作られ始めた「ちりめん本」と呼ばれる和綴本があります。和紙に特殊な加工を施し、絹の縮緬《ちりめん》布に似た風合いをもたせた柔らかい手ざわりで、美しい挿絵と欧文を印刷した左開きの挿絵本です。

明治十八年（一八八五）、長谷川武次郎は、弘文社の名でちりめん本による「日本昔噺」を出版し始めました。同年十月、「絵入自由新聞」に掲載された「彩色絵入 日本昔噺」の広告文には次のようにあります。

英吉利文、独乙文、仏蘭西文、各一冊に付金十二銭。舌切雀・猿蟹合戦・花咲爺・桃太郎。此外続々出版。学校教科用、彩色無し、特別廉價一冊に付金四銭。右は童蒙に輙く洋語を習熟せしむる為め、各其国の大家に乞ひ、簡易なる文辞を以て、編述し、日本風の彩色絵を加へたる美本なれば、学校の賞与品、又は御進物等にも、亦適当の小冊なり。

『さかさまの国日本』（エミリー・パットン）明治26年（1893）

（「絵入自由新聞」明治十八年十月二十二日号引用は『明治の欧文挿絵本 ちりめん本のすべて』掲載図版による）

武次郎がちりめん本の出版を思い立った当初の目的は、日本人による英語学習でしたが、昔話にとどまらず、風俗や伝統文化なども題材としたことから、日本を訪れた外国人の土産としても好まれるようになりました。

翻訳を担当したのは、たとえば、アメリカの長老派の宣教師タムソンやヘボンです。ヘボンはヘボン式ローマ字の創始者で、日本初の和英辞典『和英語林集成』の編纂者としても知られています。他には『古事記』の英訳や『日本事物誌』の編纂、アイヌ語や琉球語を含む日本語研究でも知られた日本学の権威チェンバレン、さらに小泉八雲（ラフカディオ・ハーン）や『日本文学史』を著した日本文化研究者のフローレンツなど、錚々たる外国人たちです。

上に紹介した『さかさまの国日本』は、『日本事物誌』をきっかけに、外国人が不思議に感じる日本の風習を取り上げた作品です。地下足袋姿の郵便配達夫や郵便ポストが描かれ、手紙が身近だった当時の日常や風俗を知ることができます。

ちりめん本によって海外に紹介された少女には、たとえば日本最古のつくり物語である『竹取物語』で古くから親しまれてきたかぐや姫がいます。幕末から明治にかけて活躍した絵師の小林永濯《えいたく》が手がけた『かぐや姫』は、百頁を超える大作で、その技が光る一品です。

訳者は長老派の宣教師エドワード・ローゼィ・ミラーです。ミラーの妻は、ヘボンが横浜で開いたヘボン塾の教師で、後のフェリス女学院を開いた日本初の女性宣教師メアリー・キダーです。

いっぽう、明治期に新たなヒロインとして登場し、昭和の時代まで長く親しまれたのが白菊です。西南戦争を背景に、白菊のなかから拾われた少女が、戦争により行方知れずとなった父を探しに旅に出る物語は、哲学者の井上巽軒《そんけん》（哲次郎）が「孝女白菊詩」と題した漢詩に詠み、そののち落合直文が「孝女白菊の歌」として七五調の今様体にしたことで、虚構であるにも関わらず、広く愛されました。ちりめん本の世界では、明治三十年にカール・フローレンツによる独訳と、アーサー・ロイドによる英訳が行われました。

戦前、人気シリーズ「講談社の絵本」に収録された際には、武島羽衣日本女子大学教授が次

『かぐや姫』エドワード・ローゼィ・ミラー、小林永濯絵、明治22年（1889）

『孝女白菊の詩』華邨、芳宗絵、明治30年（1897）

の推薦文を寄せています。

私は皆様がこの可憐な少女白菊に同情なされ、親孝行や兄弟思をお見習ひになつて、やさしく、かがやかしく、花のような玉のような人になって、人のかがみとなるべき心がけをお持ちなさるやう、望ましく思つて止まないものであります。

親孝行や兄弟仲良くの教えに効き目があったかはさておき、孤児という共通点からも、少女たちは白菊の冒険譚を日本版『ジェーン・エア』のように受けとめ、その展開に一喜一憂したのです。

石澤小枝子『明治の欧文挿絵本　ちりめん本のすべて』（二〇〇四年、三弥井書店）
講談社の絵本『孝女白菊』（一九三七年、講談社）
榊原千鶴「「女子の悲哀に沈めるが如く」—明治二十年代女子教育にみる戦略としての中世文学」（飯田祐子・島村輝・高橋修・中山昭彦編『少女少年のポリティクス』二〇〇九年、青弓社）

Vol7

日米文化の架け橋となる

コロンビア大学講師　杉本鉞子《えつこ》（1873〜1950）

「菊」と「刀」

第二次世界大戦中、コロンビア大学の教員だった文化人類学者のルース・ベネディクトは、アメリカ連邦政府戦時情報局の依頼により、終戦後の対日政策を視野に入れた日本研究に取り組んでいました。その成果は、戦後まもなく、『菊と刀』と題された一冊の書として発表され、日米両国でベストセラーとなります。

日本論・日本人論として広く知られることとなった『菊と刀』は、第十二章「子どもは学ぶ」で、「菊」は「自己を抑制する日本人の生き方」の、「刀」は「自己責任を全うしようとする日本人全般の強い意志」の、それぞれ象徴としています。この第十二章でしばしば引用されているのが、杉本鉞子の『武士の娘』です。ルースがコロンビア大学の学生だった頃、キャンパスには着物姿の「杉本夫人」がいました。「杉本夫人」とは、当時コロンビア大学で日本文化史の講義を担当していた杉本鉞子です。鉞子の姿と彼女が描いた

各国で訳された『武士の娘』（長岡市郷土資料館展示）

『武士の娘』の世界は、ルースにいまだ訪れたことのない日本の人々の精神性と、文化を考えさせるうえで、大きな影響を与えました。

『武士の娘』

『武士の娘』（A Daughter of the Samurai）は、大正十二年（一九二三）十二月から翌年十二月にかけて、雑誌『アジア』に連載され、一九二五年にダブルデー・ドーラン社から単行本として発行されました。一九三〇年代にはカナダ、イギリス、ドイツ、フランス、デンマークなど七ヵ国で翻訳され、ベストセラーとなります。同じく日本人が英語で執筆し、広く読まれた作品に新渡戸稲造の『武士道』がありますが、『武士道』の翻訳が五ヵ国だったことを思えば、『武士の娘』の人気ぶりが理解できるでしょう。

この時期アメリカでは、黄色人種脅威論、いわゆる黄禍論《おうかろん》が唱えられるようになっていました。アメリカに併合されたハワイや、カリフォルニアに移民として移り住んだ日本人は、低賃金でも勤勉に働くため、下層にあった白人の雇用を奪い始めます。加えて賃金を日本に送金する割合も高く、地域に溶け込もうとせず、日系人だけの閉鎖的コミュニティを形成する場合が多かったことが影響し、人種差別のひとつである黄禍論が騒がれるようになりました。折しも、『武士の娘』連載期間中にあたる大正十三年（一九二四）には排日移民法（Immigration Act of 1924）が制定され、アジアからの移民は禁止されます。

こうした状況下ながら、『武士の娘』は好意的に受け入れられ、鉞子は「極東から来た最も高貴な申し分ない日本の説明者― interpreter ―」と評されました。昭和元年（一九二六）一月の『ニューヨーク・タイムズ』には、次のような書評が掲載されたと言います。

誇り高く敏感な国家、日本に対する無作法なふるまいで、アメリカの法律がその健全さを損なわれている時に、そしてアメリカの盲目的な愛国者が日本の白禍（white peril）に類似した黄禍を叫んでいる時に、このような本は有益であり、尊敬に値する。無口な日本人の胸中を明らかにしたことで、マダム・スギモトは彼女の祖国の武

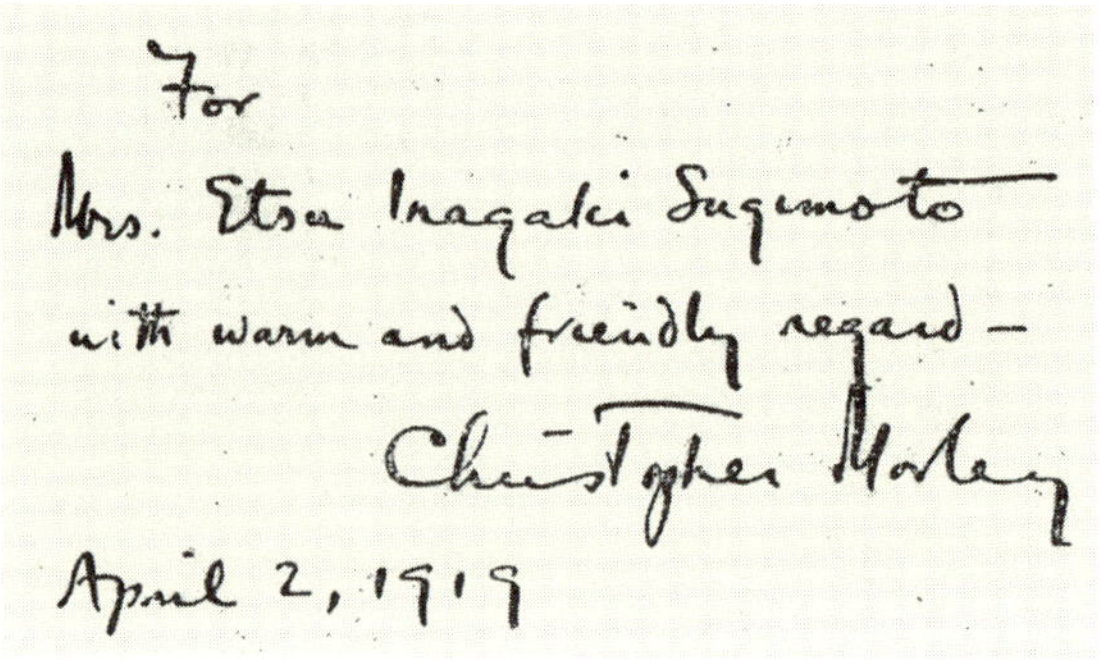
For
Mrs. Etsu Inagaki Sugimoto
with warm and friendly regard —
Christopher Morley
April 2, 1919

モーレーから贈られた詩集の扉のサイン

士階級からだけでなく、この国の多くの育ちの良い人々で、両国民間の同情ある理解を欲する人々からの賞讃を受けるであろう。
（1926.1.10「アメリカと日本における杉本鉞子の『武士の娘』」）

後に鉞子は本書の成り立ちについて、アメリカの友人から、日本に関する様々な質問を受け、それらに応えたいとの思いから書いたのがこの『武士の娘』であり、明治初期に士族の家に生まれ育った女性ならば、ほぼ誰もがそうだったと頷けるような内容で、自伝ではないので、“The Daughter of the Samurai” とはせず、“A Daughter of the Samurai” にしたと語っています。

とはいえ、鉞子が経験した具体的な挿話が書き込まれているのも事実で、そこに本書の面白さも魅力もあります。『武士の娘』が単行本となり、好評を博した背景には、鉞子に執筆の機会を与え、単行本に序文を寄せたクリストファー・モーレーという、当時「大衆の詩人」と賞讃され、注目を浴びていた新進気鋭の作家と、鉞子にとって生涯の友であり恩人でもあるフローレンス・ウィルソン、ふたりの存在があります。とくにフローレンスは、有能な編集者のごとく、鉞子の執筆活動を支え、懇切丁寧な助言を与え続けました。

ミス・ウヰルソンは私の書きますものを一々お読み下さり、御自身の日本に於ける御経験から、其処此処に独特の感傷《センチメント》と芳醇《メローネス》を加へて、日本の情緒をアメリカ人にわかり易く説く助けをして下さいました。殊に急所々々は、御満足の行くまで根ほり葉ほり質《ただ》されては、私の頭にさへぼんやりとしてゐることを、はっきりするまで考へさせて下さいました。

（「〝武士の娘〟の見たアメリカ(3)」）

鉞子の身近にあり、その人となりを知り、かつ、アメリカ人が何を好むかを熟知しているフローレンスがいなければ、『武士の娘』がベストセラーになることはなかったでしょう。

実際、鉞子が初稿を携えダブルデー・ページ社を訪れたときには、本にはしてあげるが、これでは売れないと言われています。この時たまたま不在だったフローレンスは、帰宅後その話を聞き、自ら出版社に出向き、自分が直すからと時間の猶予を申し出ます。そして、昼夜を問わず原稿に向かい、鉞子の初稿をすべて書き直しました。こうした力添えがあればこそ、日本人や日本文化の紹介にとどまらず、よみものとしての面白さをも兼ね備えた『武士の娘』は誕生し得たのです。

鉞子の母・金

幕末維新期の長岡藩

杉本鉞子は、稲垣平助と金の六女として、明治五年、長岡に生まれました。名前に用いられた「鉞」の字は「まさかり」を表します。林業用の大型の斧を思い浮かべると、女性には不似合いに感じられますが、おそらくは、大木をも切り倒すほどの強い精神を兼ね備えた女性に育ってほしい、との願いが込められているのでしょう。

稲垣家は代々、長岡藩の筆頭家老を勤める由緒ある家柄でした。けれど、幕末から維新にかけて、藩主により重用された河井継之助が藩政の改革を進めるなかで、父平助は主流から外されていきます。幕藩体制に忠実で、官軍に対して主戦派だった継之助は、平助や小林虎三郎ら恭順派の人々を抑え、結果、北越戊辰戦争が起こります。この戦いにより、城下は戦場と化し、長岡藩は壊滅的な打撃を受けました。

取り潰しこそ免れたものの、敗戦により領地は削減されました。この時期、藩政を担っ

鉞子が子ども時代を過ごしたという家

たのは、「米百俵」の逸話でも知られる虎三郎です。藩の窮状を見かねた三根山藩が、百俵の米を贈ったところ、虎三郎はそれを学校設立の費用にあてました。抗議する藩士たちを、教育にあてれば明日の一万、百万俵となる。食べられないからこそ人材を育てるのだと説得した挿話はよく知られるところです。

佐久間象山の門下生として、同門の吉田松陰（寅次郎）とともに「二虎」と称され、その逸材ぶりを評された虎三郎は、戊辰戦争終結直後、国漢学校の前身となる仮学校を開校し、身分の上下を問うことなく、子弟に学芸を奨励する教育重視の政策を徹底していました。

いっぽう父平助は、家老職にありながら無策だったとして、「腰抜け」の汚名を着せられました。平助が、長岡藩再興のために奔走し、ひとり上京して新政府と交渉を重ねていた事実が明らかとなったのは、ずっと後のことです。結局のところ平助は、その功績を認められることなく、再び指導的な立場に返り咲くこともありませんでした。

戦火により場内にあった稲垣家の広大な屋敷は失われ、一家は、町外れの下屋敷に移り住み、ここで鉞子は育ちます。平助は、養蚕業や旅館業を始めますが、いわゆる武士の商法で、いずれも上手くはいきません。けれど、苦悩を表に出すことなく、家族に優しく、決して矜持《きょうじ》を失うことのなかった父の姿を、幼いながらも鉞子は理解していました。

父が御維新の困難な幾年かに受けた打撃は、ついに癒ゆべくもありませんでした。僅か三十二歳の若さで、藩に朝敵の汚名をこうむらせまじとの、強い責任感のために闘いました当時の逞しい俤は、年毎にうすれてはゆきましたが、勇敢で明るい性格は、なお挫かれることもなく父の裡に宿っておりました。日本が新しい世界に足場を見出そうとして悩みつづけました明治初年には、人々は唯、むやみと古いものを捨て、憑かれたもののように、新しいものにとびついてゆきましたが、父は静かに、己の信ずる道を歩んでいたのでございました。当時の最も進歩的な方々と同様に、父も日本の将来の成就すべきものについては確く信ずるところがありましたが、同時に、過去に対する深い尊敬の念を捨てることができませんでした——けれども、この点では、あまり同感者はないようでございました。

(『武士の娘』)

制御の精神

鉞子は当初、祖母の意向により、尼になるよう育てられました。父は、武士の基礎教養を身につけさせようと、菩提寺の住職を師匠に迎えます。鉞子は当時の女子には珍しく、この師匠のもとで『大学』『中庸』『論語』『孟子』といった四書をはじめとする漢籍を学びました。けれどその内容は難解で、わずか六歳の子どもに理解できるはずもありません。意味を尋ねても、師匠は、「百読自《おのずか》ら其の意を解す」と応えるばかりでした。しかし後年、鉞子は、こうした時間が決して無駄ではなかったと振り返ります。

この年になるまでには、あの偉大な哲学者の思想は、あけぼのの空が白むにも似て、次第にその意味がのみこめるようになりました。時折り、よく憶えている句がふと心に浮び雲間をもれた日光の閃きにも似て、その意味がうなずけることもございました。

（『武士の娘』）

講義の日、床の間に孔子像を描いた軸を掛け、香炉から立ち上る煙のなか、文机《ふづくえ》を間に師匠と向き合う二時間は、鉞子に緊張を強いました。けれどやがて鉞子は、そうした身体の制御さえ、心の励みと感じるようになります。母は、頑強ではない鉞子の身体を気遣いましたが、父は、こうした学びこそが、生涯の大事を成し遂げる力を養う「武士の教育」

であると、優しく鉞子に語って聴かせるのでした。
もちろん、当時の女性が習うべきとされた裁縫、機織り、料理、お花、お茶なども身につけ、なかでも習字はとくに励んだようです。

お習字は大切な教養の一つとされておりましたが、それは唯に技巧にあったわけではなく——むろん、習字には絵画と同様な高い芸術的な魅力はありますけれども——複雑なあの運筆を辛抱強く練習致しますことによって、精神力の制御ということが練りきたえられるものと思われていたからでございます。精妙な筆のあやには、心の糸の乱れや不注意はおおうべくもなくあらわれますので、一点、一劃にも心を落着けて正確に筆を運ばなければなりません。このように心をこめて筆を運ぶことを通して、私共、子供は心を制御することを学んだのでございます。

（『武士の娘』）

文字の美しさに加えて、時宜にあった手紙が書けることは、当時の女性にとってたいせつな教養でした。他家に嫁いだ後、親類縁者と円滑な人間関係を築いていくうえで、手紙は重要な役割を果たしていたからです。さらに習字は、そうした日常の要請にとどまらず、「心を制御すること」にも密接に結びついていました。
二首を認めた今に残る鉞子の筆跡です。

さねさし相模の小野に燃ゆる火の　炎中に立ちてとひし君はも　橘姫の辞世

花も千代千代花野とぞねがふなる　母のいのりも神のまにまに

「さねさし」の一首は、『古事記』のなかで、荒れ狂う海で進路を阻まれた日本武尊のために、海神の怒りを鎮めようと海に身を投じる弟橘姫が詠んだ歌です。「相模の国の野で、燃えさかる野火のなかに立ち、私を気遣ってくれた君よ」と、敵の謀によりふたり火中を逃げ惑ったとき、皇子が示した優しさへの感謝を詠んでいます。

続く一首は、「花も千代千代花野とぞねがふなる　母のいのりも神のまにまに」という、鉞子の娘、花野と千代野の名前を詠み込み、その幸いを祈った歌です。二首を並べた意図は、いまとなってはわかりませんが、たとえばそれは、自らの意志のもとに人生を切り拓いていくこと、そしてその人生が、幸多くあれとの願いであったのかもしれません。

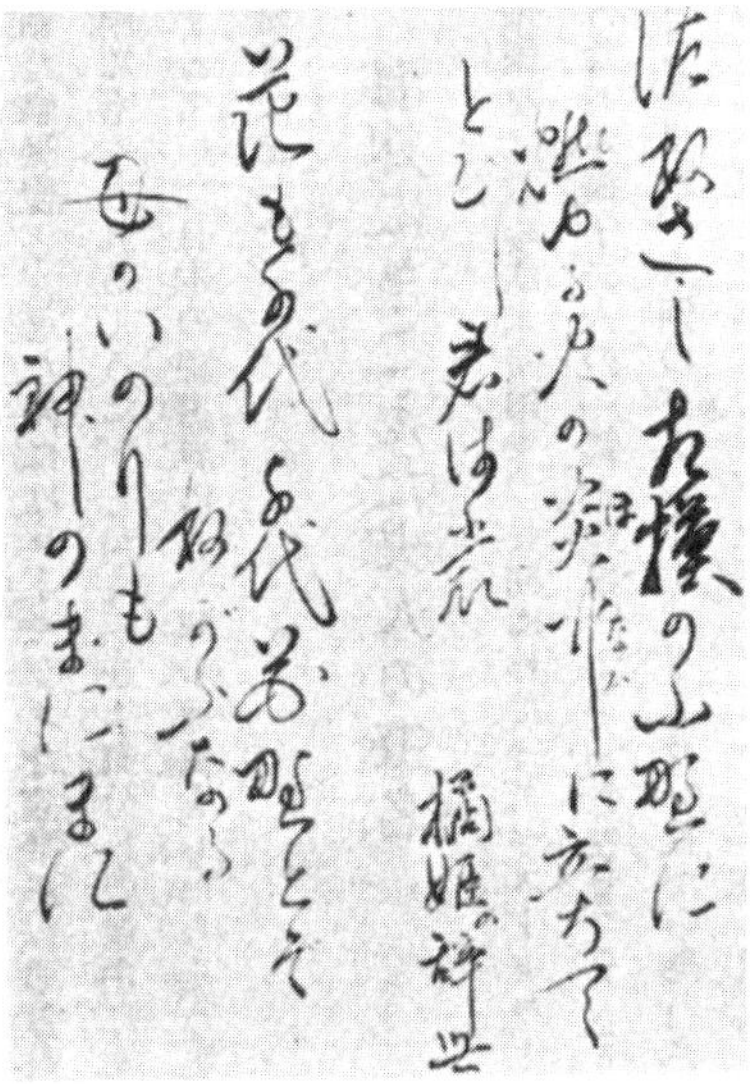
鉞子の筆跡

さて、「心の制御」に関してもうひとつ印象深い挿話が『武士の娘』に書かれています。

武士の娘は眠っている時でさえ

も、身も心もひきしめていなければならないと教えられたものでございます。男の子は悠々と大の字になって眠ることもゆるされましたが、女の子は必ず穏かな中にも威厳をそなえたきの字なりにさせられました。これが「制御の精神」を意味したものとされておりました。

鉞子によれば、武士の娘は眠るとき、横向きに臥し、「きの字」の姿勢でいるようしつけられたと言います。

武士の娘の寝姿については、明治二十九年（一八九六）生まれで、徳川慶喜の孫娘にあたる蜂須賀年子《はちすかとしこ》の『大名華族』にも記述があります。年子は、お釈迦様の涅槃像《ねはんぞう》のように、右を下にして横向きで眠るのが女性の正しい眠りかたであると、幼い時から厳しく仕込まれました。島田髷《しまだまげ》を結うようになると、後頭部を枕に付けて仰向けで眠ってはいけないということで、年子の父は、枕に付けた首を動かさない修行と称し、枕の両端に日本カミソリを一本ずつはさみ、どちらに外しても頬がカミソリで切れて、痛さで目が覚めるようにしました。年子の父は、大名家の出身ですが、十八歳でイギリスに留学し、ケンブリッジ大学で八年学んだ経験をもちます。西欧の文物にふれてはいても、ひとたび日本の自宅に戻れば、武家出身の彼は、娘にこうした厳しいしつけを行っていたわけです。

稲垣鉞子から杉本鉞子へ

明治三十一年、鉞子は結婚のためアメリカに渡ることになります。夫となるのは、オハイオ州シンシナティで美術雑貨店「ニッポン」を営む杉本松之助でした。ふたりの結婚を提案したのは、一時期、家を飛び出し、アメリカで過ごしていた鉞子の兄です。ある貿易会社に騙され、サンフランシスコで無一文になった兄と偶然出会い、働き口を世話したのが松之助でした。その兄が帰国し、父の死去に伴い稲垣家の家長となったとき、妹の伴侶には信頼できる松之助をと考えたのです。祖母、母をはじめとする親類一同も兄の提案を受け入れたことで、数え年十三歳の鉞子は、正式に結納を交わすこととなります。

当時の日本の女性が多くそうであったように、鉞子もこうした運命に疑問を抱くことはありませんでした。勧められるままに、花嫁修業としての英語学習のために上京することになります。別れに臨んで祖母は、はるか六十年前の自らの輿入れの思い出を、次のように鉞子に語って聴かせるのでした。

鉞子と同じ十四歳のとき、生まれ育ったわが家から、ひと月近くをかけてこの家にやって来た。初めて訪れた嫁ぎ先は、ことばも習慣もまるで異国のようだった。そしてそのとき以来、今日に至るまで、里に戻ることも、懐かしい人たちと再会することもないままに、過ごしてきたと。そしていつにない優しい声で、「エツ坊や」と続けるのでした。

住むところは何処であろうとも、女も男も、武士の生涯には何の変りもありますまい。御主に対する忠義と御主を守る勇気だけです。遠い異国で、祖母のこの言葉を思い出して下され。旦那さまには忠実に、旦那さまのためには、何ものをも恐れない勇気、これだけで。さすればお前はいつまでも幸福になれましょうぞ。

母もまた、鉞子の姉が嫁ぐとき、次のような門出のことばを贈っています。

毎日、この鏡をごらんなさい。もし心に我儘や勝気があれば、必ず顔に表れるものです。よっくごらんなさい。松のように強く、竹のようにもの柔らかに素直で、しかも雪に咲きほこる梅のように、女の操をお守りなさい。

（『武士の娘』）

現代からすると、忍従の美徳を思わせる教えに思えます。けれど鉞子は、父をはじめ家中の者たちが尊敬する祖母や、敬慕の念を抱きつつも侵しがたい厳しさを感じさせる母の姿を通して、祖母や母のような女性たちを形作った「女の道」を理解しようとします。そして、「徒らなる犠牲に甘んじては、唯溜息が出るばかりであり、自重は自由と希望に通ずるものである」と書き付けます。品位を保ち、卑下することなく自らを重んじることが、自由と希望への道を開くと鉞子は考えたのです。

女性と学び

女性であることを内省する鉞子にとって、「学び」とはどういうものだったのでしょう。長岡での子ども時代、先生に引率され、散歩に出かけたある日のこと、れんげの花を摘みながら友達と笑い合っていると、通りかかった百姓たちが、働ける年頃の女の子が遊んでいると言って、

蝗《いなご》が山へ登ろうってんだよ。お天道さまがお怒りなさって、焦しておしまいになるわの、こんな娘を嫁にもろうたら、災難だあね。

となじりました。女性に学問は無用、分を弁《わきま》えない行いは、お天道さまの怒りを買うだろう。素朴で文盲の農夫たちの心ないことばは、鉞子の心を重くしました。

そのまましばらく散歩を続けていると、よく茂った桜の若木がありました。老い朽ちた大木の洞から生え出た若木の傍らには、「千年の老樹の根から若桜」の一句が添えられています。先生はその若木を指さしながら、笑顔で子どもたちに語りかけました。

この桜の木は丁度あなた方のようなものですね。古い日本の立派な文明は今の若いあなた方に力を与えているのです。ですから、あなた方は勢いよく大きくなって、昔の日本が持っていたよりも、もっと大きな力と美しさを、今の日本にお返ししなければ

海岸女学校（青山学院大学資料センター蔵）

なりません。これを忘れないようになさいね。

（『武士の娘』）

散歩を終えて、家への帰り道、日頃は言葉少なな友達が、いつになく強い調子で鉞子に向かって言いました。「でも、蝗は陽に照らされながら、山を登るのじゃなくって」。

友達も鉞子も、教師のことばによって、学ぼうとする自分たちが間違ってなどいないこと、そして学ぶことのたいせつさを改めて自覚したのです。日の光に照らされながらも、蝗ははるか高い頂上をめざして山を登り続けます。

私は、女の尊さを悟るにつれ、自由を愛し自由に向って進む権利を信じていたのは若い頃のことで、真の自由は、行動や言語や思想の自由を遥かにこえて発展しようとする精神的な力にあるのだということが判りました。

（『武士の娘』）

鉞子は後年、権利よりも、高みをめざす不断の向上心、強靭な精神にこそ、真の自由は存するると記しています。

さて、上京した鉞子は、海岸女学校の寄宿生となります。同級生の多くは、東京出身のクリスチャンの家庭に育った娘たちでした。教師たちと打ち解けた彼女たちの姿に、鉞子は戸惑います。外国人教師たちのもつ快活さや親しみやすさも、「三尺下がって師の影を踏まず」と教えられてきた鉞子にとっては、違和感を覚えるものでした。けれど当初は威厳に欠けると批判的に眺めていた外国人教師たちのなかに、鉞子はやがて隠れた気品を見出します。教育者という地位と陽気な性格とが、決して矛盾するものではないと悟ったとき、鉞子は心から彼らに尊敬の念と親愛の情を抱くのでした。

明治二十二年（一八八九）、同校を卒業した鉞子は、東京英和女学校（現在の青山学院大学の前身校）に進み、卒業後には小学校の教壇にも立ちました。そしていよいよ結婚のため、渡米の日を迎えたとき、鉞子は二十五歳になっていました。

ウィルソン家

船旅を終え、サンフランシスコからは大陸横断鉄道に乗り、ようやくシンシナティに辿り着いた鉞子を待っていたのは、混雑したプラットフォームに立つ松之助でした。顔立ちを除けば、近代的なアメリカ人としか見えない装いの松之助が、最初に鉞子にかけたのは、「どうして日本の着物を着てきたのですか」という批判めいたことばでした。鉞子のために馬車を提供してくれたウィルソン夫人に、許嫁を少しでも良く見せたい松之助の思いなど知るよしもない鉞子は、未来の夫に叱られしょんぼりするしかありませんでした。

アメリカでの生活で、時には悲しい思いを抱くことはあったものの、そんなときには、「武士のまつげはうるおうてはならない」という教えを胸に、鉞子はじっと耐えました。むしろ日々の大半は、新鮮で楽しい経験として過ぎていきました。鉞子自身の努力はもちろんですが、そこには、アメリカの「母上」として信頼を寄せたウィルソン夫人と、その娘フローレンスの愛情がありました。杉本一家は新婚当初から十二年にわたって、ウィルソン家の人々と同じ屋根の下で暮らすことになります。

ある大掃除の日、虫干しを手伝う鉞子は、「母上」の祖父が、一八一二年の米英戦争の折に着たという軍服にふれます。その手の感触は、鉞子を父の記憶へと誘うものでした。このとき鉞子は、同じ「サムライ」の血を引く女性同士として、「母上」と深く心を通わせることができたと懐かしんでいます。日本とアメリカ、国や習慣は違っても、日常のふとした出来事に、父や母の生き方を思い出す鉞子がいます。

鉞子が長女を出産した際、育児のあれこれを親切に教えてくれたのは隣家のボーグ夫人でした。すでに八十歳を超え、日頃は淑やかで優しいボーグ夫人が、小鳥を襲おうとした蛇を猟銃で撃ち殺したことがありました。この出来事に鉞子は、遠く離れた母を思うのです。

私は針仕事の手を休めて、心は遠く故郷に飛び還へるのを感じました。幼い頃母の口からきかされた物語が、ありありと胸に甦つて来たからでございます。何百年に亘る歳月の間、ゆるぐこともなかつた長岡の城が、激しい時代の渦の中に遂に落ちたその日頃、年もゆかない花嫁であつた母が、年老ひた姑を護つて山から山へ安きを求めて遁れたといふ思い出草を、幼い子たちに母は爐邊《ろばた》で静かに語りきかせました。あの優しい母のどこにそんな荒浪に耐える力があつたものかと幼心にあやしみ又尚《たつと》んでゐた思ひは、今この異郷の婦人の中に一脈相通ずる強さを見て、いひ知れぬ感慨にみたされるのでございました。優しき女性の内なる強さに――　（「〝武士の娘〟の見たアメリカ」）

杉本一家

フローレンスと鉞子と娘たち

友情

後に鉞子自身も語っているとおり、鉞子が見たアメリカとは、シンシナティの地で、ウィルソン家を通して見たアメリカでした。国際連盟を提唱したことでも知られるウィルソン大統領の一族で、この地方きっての名家であったウィルソン家と、その交友が、鉞子に多くをもたらしたことは間違いありません。なかでも、鉞子にとっては姉のように、娘たちにとっては伯母のように、最期のときまで深い愛情を注いでくれたフローレンスの存在を忘れるわけにはいきません。

明治四十三年、娘たちと一時帰国中の鉞子のもとに、松之助急逝の知らせが届きます。盲腸の手遅れでした。鉞子は、夫のいないアメリカに戻るよりはと、そのまま日本で暮らすことにします。長岡にいた母も、ならばと上京し、世話してくれました。

そうしたある日、鉞子たちのことが気がかりでならないからと、フローレンスがはるばる日本にやって来ます。鉞子はもちろんのこと、ふたりの娘たちにとっても喜びはひとしおでした。松之助は生前、娘たちにはアメリカの教育を受けさせるという方針だったため、娘たちは日本語を話すことができませんでした。通い始めた学校では、ことばも通じず、文化の違いに戸惑う日々でした。そこに、幼い時から慣れ親しみ、片時も忘れることのなかった伯母さまが現れたのです。娘たちは何かと言えばフローレンスに甘え、そばを離れようとしませんでした。母の死を契機に、娘たちの将来を考え、再渡米する鉞子たちの傍らにも、もちろんフローレンスがいました。

再びのアメリカで、生活費を稼ぐことから始めなければならなかった鉞子が、分不相応ともいえる名門校に娘たちを通わせた

和服姿のフローレンス

晩年の鉞子

のも、フローレンスの助言によるところ大です。

良いものは何んだつて無料では手に入りませんよ。教育の目的が、知識を得ることだけなら、今日では百科全書を読んでも凡そ事足りるし、年をとつてからでも出来ることです。しかし教養は違ひます。若い時に得た教養は、人の一生の品位をきめるものですから。

（「〝武士の娘〟の見たアメリカ(2)」）

鉞子がコロンビア大学から講師として招聘された際、日本の領事館がその職を譲るよう辞退を迫ったときも、素直に応じようとした鉞子を翻意させたのはフローレンスでした。鉞子の学識が評価され、それにふれたいと願う人たちのいることを思えば、自分の感情や立場によって退くべきではないと鉞子に説いたのです。結局鉞子はその後七年にわたり、コロンビア大学で日本文化史と日本語のクラスを担当することになります。

ところで、鉞子たちの身近にあったフローレンスですが、『武士の娘』のなかにその姿を見ることはできません。フローレンスは、共著者として名前を載せることを拒否し、執筆に協力したことも決して口外してならないと鉞子に口止めしました。昭和七年（一九三二）、ともに帰国した鉞子たちに見守れながら、フローレンスは日本で七十七歳の生涯を閉じます。遺言により、遺骨は東京青山にある稲垣家の墓地に葬られました。

明治の世に、遠い異国に嫁いだ娘は、そこで生涯の友と出会いました。ふたりはともに「サムライ」の娘としての誇りを胸に、日米文化の架け橋となりました。鉞子は、過ぎし日々を振り返り、次のように記しています。

Memory is a rainbow
Where tears drop amidst the sunshine
On life's wandering parth――

青山墓地にあるフローレンスの墓碑

参考文献

ベネディクト、角田安正訳『菊と刀』（二〇〇八年、光文社）

杉本鉞子、大岩美代訳『武士の娘』（一九九四年、筑摩書房）
平川節子「アメリカと日本における杉本鉞子の『武士の娘』」（『比較文学研究』一九九三年八月、東大比較文学会）
杉本鉞子「〝武士の娘〟の見たアメリカ同(2)(3)」（『婦人之友』一九四〇年一月〜一九四〇年三月、婦人之友社）
渡善子「杉本鉞子＝「武士の娘」を書いた作家＝」（一九六七年、新潟日報社編『越佐が生んだ日本的人物』第三集）
平成十八年度特別展「杉本鉞子資料里帰り展 展示資料解説」（長岡市立科学博物館）
青柳保子「杉本鉞子その生涯と今日的意味〔上〕〔中〕〔下〕」（『言語』二〇〇一年四月〜六月、大修館書店）
多田健次『海を渡ったサムライの娘 杉本鉞子』（二〇〇三年、玉川大学出版部）
内田義雄『鉞子』（二〇一三年、講談社）
蜂須賀年子『大名華族』（一九五七年、三笠書房）

Vol8

大胆に率直に自己の意志を示す

初代婦人少年局長　**山川菊栄《きくえ》**（1890〜1980）

出会い

大正五年（一九一六）二月十一日、菊栄は荒畑寒村《かんそん》や大杉栄が始めた社会主義の研究会「平民講演会」に参加していました。女子英学塾（現在の津田塾大学）で同窓の神近《かみちか》市子に誘われたこの会で、菊栄はこの日、やせて青白く、のどに湿布を貼った男性を見かけます。

主催者でありながら準備不足、仕切りの悪い大杉にあきれ、早々に会を辞して外へ出た菊栄は、そこでふたりの男性に両腕をつかまれます。連れて行かれたのは、薄汚く殺風景な警察署でした。しばらくすると、研究会の参加者たちもゾロゾロやって来て、みな持ち物を調べられています。供述書をとられた菊栄は、二箇所訂正を要求し、やっと訂正させたところで拇印《ぼいん》を押させられ、留置場の前に並ばされました。

するとき先程のやせた男性が、皮肉な笑みを浮かべながら、菊栄に声をかけてきました。

「あそこへ入れて、保護してくれるんですよ」。目をやった先には、「保護室」と札のか

山川均、大正９年（1920）

かった部屋があり、菊栄は大杉の妻、堀保子とともに、そこでひと晩を過ごします。

翌日、解放されて外に出ると、街には日の丸の旗がなびいていました。その日は紀元節（明治五年、明治政府が神武天皇即位の日として定めた国家の祝日）でした。菊栄は、観兵式（整列させた軍隊を天皇が観閲する儀式）に出かける天皇の身の安全を図ろうと行われた予防検束（拘束し、一時留置すること）の巻き添えをくらったのです。「不穏分子」の一網打尽を報じる新聞記事は、菊栄を「不穏分子」のひとりとしました。おかげで菊栄は、英和辞典の編集や個人教授の仕事を失います。

翌三月、再び参加した研究会では、唯物史観の講演が行われました。聴き応えのある社会主義理論で、参加者はみな熱心に耳を傾け、会場には清々しい空気が流れました。この研究会で菊栄が唯一まともな講演と感じたこのときの講師こそ、あの夜、留置場の前で菊栄に声をかけた男性、山川均《ひとし》でした。

在野の経済学者で社会主義運動家の均には、検束により菊栄が受けるであろう社会的不利益が想像できました。研究会に参加しただけで「不穏分子」のレッテルを貼られ、仕事を失った菊栄は、新聞に名前が出たことで、家族に迷惑がかかると考え、家を出ようとします。けれど母は、何をしても良いから結婚するまでは家を出てくれるなと引き留めました。理解ある家族がいなければ、菊栄が家に留まることはなかったでしょう。

遠縁の岡部雅子は、ふたりの出会いを次のように書いています。

均が会場にはじめて見た凛とした女性に、この検束で生きにくい立場に立たされることへのいたわりと励ましの気持ちも込めた、静かな一声をかけることがなかったら、そして、菊栄が、均の自分に向けられたこのまなざしと、皮肉をこめた微笑を見ることがなかったら、二人の道は交わることがなかったと思う。（『山川菊栄と過ごして』）

山川菊栄（1920年）

均の自伝にも、あの夜の研究会に、「未知の女性がひとり」いたこと、その女性が警官の取り調べに、「青山菊栄」と名乗ったことが記されています。均は菊栄の存在をはっきりと認識していました。菊栄にかけたひとことには、均の気遣いが込められていたのです。

明治44年（1911）、左から、姉松栄、菊栄、母千世、兄延敏、妹志都栄

学生時代

　菊栄は明治二十三年（一八九〇）、第一章で取り上げた青山千世と森田竜之助の第三子として東京麹町に生まれました。四歳上に姉松栄、二歳上に兄延敏、四歳下に妹志都栄という四人きょうだいの三番目です。松栄は両親が結婚して七年目に授かった第一子、延敏は初めての男の子、志都栄は末っ子というなかで、二度目の娘の菊栄は、母の千世にも、気がついたら知らぬ間に大きくなっていた世話のかからない子だったと言われるほど、無口な子どもでした。

　最初の子どもを厳しく育てておけば、あとの子は自然とそれについていくという育児方針により、とくに厳しく育てられた姉の松栄は、母の期待に応える優等生でした。いっぽう菊栄は、好きな学課も得意なものもなく、予習も復習もしたことがなく、家庭でも何も教わらず、成績も乙（戦前の小中学校の四段階〈甲乙丙丁〉評価の第二番目）ばかりでした。

明治三十五年、番長小学校から府立第二高等女学校に進学するときも、同校に通っていた松栄が事務所に願書を提出し、菊栄も家族もとくに何ということもなく、試験を受けて合格となりました。けれど同級の他の合格者は、みな優等生の勉強家だったので、日頃成績のよくない菊栄の合格に、先生も友達も大いに驚きました。

女学校に進学しても、学課は怠け放題でテニスに明け暮れていました。日露戦争目前のある日、「号外」という題で作文の課題が出されたときのこと、菊栄の作文を見た担任が、「あなたが新聞を読むことを、お母さんはご存じですか」と尋ねました。菊栄が、「はい、私ばかりでなく、家中みな読みます」と応えると、教師は険しく渋い表情で黙ってしまいました。当時、山の手の中流の家庭では、新聞も小説も娘には読ませないことが家庭の誇りとされていたのです。けれど菊栄の家には、子どもの読みものをとやかく言う家族はいません。

菊栄５歳の頃

同じ頃、やはり担任が、社会主義は

良いと思うか悪いと思うかと生徒に問いました。菊栄は、社会主義のことは知らないので、いいか悪いかわからないと応えました。社会主義者の堺利彦や、後に大逆事件で処刑された幸徳秋水《こうとくしゅうすい》らが非戦論を唱えていた頃です。

後年、多くの女子エスペランティストを育てた姉の松栄は、すでに当時から、徹底的な非戦論者、人道主義者でした。松栄と、士官学校の学生だった従兄弟は、毎週のように議論をたたかわせていました。そうしたある日、兵一人一人を人間だと思っていたら、戦争になど勝てはしない、という従兄弟の本音を耳にします。ふたりの議論に口を挟める力はなかたったものの、菊栄は内心、松栄の主張の方が理にかなっていると感じました。

その松栄は、女学校卒業後、女子英学塾に進みます。職業的技術を身につけさせたい、原書の一冊くらい読めなくては困るだろうとの千世の考えによるものでした。この時期民間では、明治三十三年（一九〇〇）に女子英学塾、翌年には日本女子大学と女子医学校（後の女子医専）が創立され、女子英学塾と女子医学校は専門的な職業教育を掲げていました。

けれど文部大臣菊池大麓《だいろく》は、菊栄が女学校に進学した年に、女性は独立して仕事をするものではなく、賢母良妻として家事に専心すべきものであるから、政府として女子のために高等教育の機関を作る必要を認めないと発言しています。以降、歴代の文部大臣も同様で、第二次大戦後まで、高等女子師範学校を除いては、官立の高校はすべて、大学もほとんど、女性には門戸を閉じました。菊栄は学生時代の思い出を次のように記しています。

女には結婚がすべてであり、結婚のために学び、結婚のために生きるように教えられた賢母良妻主義こそ、私を反抗心のかたまりにしてのけた、第一の原因だった。私と同じようにテニスばかりして裁縫をきらった一人の友達が、ある日実技の先生によばれて、何かいわれると、赤い顔をしていささか目に涙をためて帰ってきた。つづいて私がよばれた。

「あなたは裁縫ができなくては将来困ると思いませんか」ときかれて私は言下に、

「困るとは思いません」とハッキリ答えた。

（『二十世紀をあゆむ』）

明治四十年、女学校を卒業した菊栄は、自活の道を得ようと、最初の二年で国漢文の中等教員の資格をとり、次の三年で英語を習得する計画を立て、国語伝習所に通い始めます。けれど沈滞した空気の伝習所に失望し、ならばと外国語学校を志したものの、女性は入学を許されず、結局一年半後、松栄の助言に従い女子英語塾の予科に入ります。入学試験で出された「抱負」という課題に、「婦人解放のために働くこと」と書いたことが問題となり、あやうく不合格になるところだったと聞かされたのは、後のことです。

上級生になると、時事問題の授業があったため、つねに海外の情勢に関心をもつ習慣が養われました。英作文の時間に、「婦人参政権」「婦人の法律上の地位」といった課題が出

大正１年（1912）、女子英学塾時代
左から菊栄、安香はな子（後の森田草平夫人）、
和田陽子（後の佐竹安太郎東北大学総長夫人）

されたときには、図書館で資料を読みあさり、つてを頼って専門家に話を聞くなどし、世界的に注目されていた婦人参政権運動をはじめ、婦人運動の理論や実情を学びました。

とはいえ、語学中心の教育内容には満足できず、「清純な理想家で、天国に遊ぶ童女のごとく聖女のごとく、天真らんまんすぎて現実ばなれ」（『おんな二代の記』）している教師たちにもついていけません。菊栄のクラスで、トルストイは背教者で危険思想家だから、この学校の生徒はその著書を読んではならない、と津田梅子が言うに及んで、校風の窮屈さを改めて思うのでした。

菊栄自身も梅子から、思想が良くないとしばしば注意を受けました。内心、英学塾に入ったのは英語を学ぶためで、思想を教わるためではないのだから、ほっておいてほしいと思うのですが、そのつど、優等生だった姉に迷惑をかける結果となりました。後に菊栄は、自身の学生時代を次のように振り返っています。

小学校から専門学校まで、あの時代の学校は形式主義で、詰め込み主義で実に面白くないものでした。人は学生時代の楽しい思い出などといいますが、私にはそんな気はしません。たえず現状に不満で、しかもどこに何を求めていいかわからず、くらやみを手さぐりするようなはがゆいじりじりする気持ちで耕さるべき力を耕されず、二度と返らぬ青年期をむだにすごしたことばかりくやまれます。あらゆる本があり、あらゆる機会が与えられている今の若い人は何と希望の多いことでしょう。

(『二十世紀をあゆむ』)

自立

明治四十五年(一九一二)、女子英学塾を卒業した菊栄は、生活のために個人教授の仕事や英和辞典編集の手伝いをしながら図書館通いを続けていました。明治末期に起きた大逆事件により、冬の時代を迎えていた社会主義運動も、大正という新しい時代の幕開けとともに、少しずつ復活のきざしを見せ始めていました。大杉と荒畑による『近代思想』や、堺利彦による『新社会』といった雑誌が出版され、こうした雑誌を通して菊栄は社会主義の文献を知り、ドイツの社会主義者ベーベルの『婦人論(婦人と社会主義)』や、『恋愛論』

明治44年（1911）、
青鞜の頃の平塚らいてう

をはじめとするカーペンターの著作にもふれることになります。
この前年には、女性たちによる日本初の文芸誌である『青鞜《せいとう》』が創刊されました。巻頭を飾ったのは、「そぞろごと」と題された十二連からなる与謝野晶子の詩です。晶子は、女性の覚醒を高らかに謳い上げ、平塚らいてうが寄せた「元始、女性は太陽であった」という創刊の辞が、自我に目ざめた「新しい女」の登場を印象づけました。

山の動く日来《きた》る。
かく云へども人われを信ぜじ。
山は姑《しばら》く眠りしのみ。
その昔に於て
山は皆火に燃えて動きしものを。
されど、そは信ぜずともよし。

人よ、ああ、唯これを信ぜよ。
すべて眠りし女《おなご》今ぞ目覚めて動くなる。

一人称にてのみ物書かばや。
われは女ぞ。
一人称にてのみ物書かばや。
われは。われは。

けれど、女子英学塾や日本女子大学は、こうした「新しい女」の動きに批判的でした。塾生が、青鞜社主催の講演会に参加したと聞くなり、顔色を青くして震えだし、いきなり教壇にひざまずき、「おお神さま、哀れなかの女を悪魔のいざないから救わせたまえ」と祈り始める教師もいたほどです。

菊栄は、『青鞜』を評価しつつも、そこに観念的な傾向を感じ、深く関わることはしませんでした。菊栄は、事業を興しては失敗を繰り返し、そのたびに借金を膨らませる父と、金銭の苦労が絶えない母を見て育ちました。人相の悪い高利貸しが、借金のかたにと、目の前から家の家具一切を運び出す場面に立ち会ったこともあります。経済的自立のたいせつさを身をもって知る菊栄には、現実社会に根ざした経済問題こそが重要でした。

菊栄には、英学塾時代に体験した忘れられない思い出があります。大八車にクリスマスプレゼントを積み、教師について紡績工場を訪れた日のことです。十二時間の夜業を終え、食事を済ませた少女たちが、ひとり、またひとりと講堂に集まってきました。見たところ十二、三歳から十五歳くらいの少女たちです。けれど彼女たちに子どもらしい元気さは見られません。みな疲れ切った病人のような表情をしています。冷たい講堂の床に敷かれたゴザに、六十人ほどが座ったところで会は始まり、オルガンにあわせた彼女たちの賛美歌に続き、教師の講話となりました。「労働は神聖」である、みなも主イエスのようによい労働者となり、日々無事に働かせていただくことに感謝するならば、神はその祈りに応えるであろうという教師のことばに、菊栄はいたたまれず、憤りに身体を震わせます。

あのごうごうとうなる機械のそばで一晩中睡らずに働き、生血をすわれて青ざめたこの少女たちの生活がなんで神の恩寵であり、感謝に価するというのか、この奴隷労働が神聖視されていいのか?（『おんな二代の記』）

劣悪な環境のなかで、少女たちは通常の三倍にあたる率で結核を発症していました。過酷な現実をまのあたりにしたこの出来事は、菊栄の進路に大きな影響を与えます。

結婚

このころ菊栄は、英文学者である馬場孤蝶《こちょう》の指導を受けていました。馬場は社会主義の賛同者でもあったので、菊栄も社会主義者を異端視したり怖いと思うこともなく、大杉によるフランス語の夏期講習や、馬場も講師を務める「平民講演」にも参加していました。

あの夜の検束をきっかけに、均は編集を担当していた『新社会』への寄稿を菊栄に依頼するようになります。そして出会いから九ヶ月後、菊栄、満二十六歳の誕生日に、ふたりは結婚します。均は十歳年上の三十六歳、前妻と死別しての再婚でした。以後ふたりは、「キン（均）・キク（菊）相和して日本の社会主義運動を指導した」と称されたとおり、互いを最良の伴侶として、激動の時代をともに歩んでいくことになります。

均とともに『新社会』を発行していた堺利彦は、菊栄が書く文章を次のように評しています。

鋭利で、痛烈で、全然男性的である。いささか冗長の気味の見える場合もあるかと思うが、あらゆる骨々節々を突き刺していくという趣があある。時としてはなはだしき皮肉をもって痛罵冷嘲を下すことがある。我々男子が愧死《きし》に値するのは、ことにそういう痛罵冷嘲《つうばれいちょう》に会った時である。

（「婦人界の三思想家」）

左から均、堺利彦、大杉栄、
明治41年（1908）

学究肌で、事象を科学的、論理的に分析し、明快に論じていく菊栄は、自由恋愛を標榜する大杉のような男性には、魅力を感じなかったようです。堀保子という妻がいながら、神近市子、さらには『青鞜』で活躍した伊藤野枝をも愛人とし、刃傷沙汰にも及ぶ恋愛事件を引き起こした大杉を評して、結局のところ原因は「金」であると、菊栄は容赦がありません。

近年は大杉氏もおいおい神格化して超人的な英雄、絶世の美男、ひと目で女を悩殺するドンファンとまで相場があがったそうですが、私の見た限りでは、あの妙な事件は、大杉氏に魅力がありすぎたのではなく、金がなさすぎたからのことにすぎなかったと思うのです。野枝さんが大杉さんの下宿で同棲することになった以上、せめてすてた妻には経済的なつぐないをするか、いらなくなった臨時の愛人には小遣いをみつがせないぐらいの用意があるべきでした。

（『おんな二代の記』）

大杉による恋愛スキャンダルは、社会主義の研究にとっても運動にとっても、混乱を招くものでしかないと判断した菊栄は、そうした意見を直接大杉に伝えてもいます。ただ、恋愛それ自体に菊栄が冷淡であったかと言えば、そうではありません。菊栄が均と出会った当時を知る栗原光三は、次のような挿話を語っています。

何度か、顔をぽっと染めて差し出す菊栄女史のラブレターを届けたことがあるのだけれど、それをカタに何か注文をつける均さんじゃないから、残してはいないでしょうね。

もっとも、結構照れ屋でもあり、茶目っ気も持つ菊栄さんだから、原稿だったかもしれず、どんな中身だったのかは、まったく知らないけど、人並みの熱い思いを書いていたらちょっと知りたいと思わないですか。

(『山川菊栄と過ごして』)

はたしてラブレターだったか原稿だったかは、いまとなっては確かめようもありませんが、深い信頼と愛情で結ばれたふたりであったことは確かです。

新婚生活

けれど結婚して二ヶ月も経たないうちに、菊栄が結核に冒されていることが分かります。症状は深刻で、菊栄は新居を離れ、鎌倉での静養を余儀なくされました。結婚したら一緒に『資本論』を読もう、労働者向けの読みやすい新聞を出そう、若者を育てよう、と語り合ったふたりの夢は、お預けとなりました。菊栄の母は、仲人であった馬場を通じて菊栄を実家に引き取ろうと申し出ます。結婚早々、病の床についた娘が、均にかけるであろう苦労を案じてのことでした。けれど均は、どこまでも自分の手で世話をすると伝えます。菊栄にも、面と向かって、ときには手紙で、その決意を語るのでした。

われわれの戦いは長いのだ、あせることはない。今のわれわれふたりの仕事は、なによりもまずあなたの健康をとりもどすことだ。僕はそのためにはどんなことでもするから、あなたもそのつもりで身体をなおすことだけ考えていてくれ。

(『おんな二代の記』)

結核発病後、菊栄の妊娠も明らかとなります。すぐに中絶するように、中絶しても、菊栄も助からないと診断を下す医師のいっぽうで、治療しつつしばらく様子を見た上で結論を出そうと言う医師もいました。おかげで大正六年(一九一七)、菊栄は無事、長男振作を出産します。菊栄の病が完治するまで人に預けるようにとの医師の意見に背き、菊栄は振作を手元で育てることにし、均と親子三人の生活が始まりました。

男が針をもつのは、女が筆をもつことが女らしくないのと同じくらい男らしくないことと思われていた時代に、均はこまめに家事をこなしました。けれど言論弾圧が厳しくなるなかで、均がその名を出して執筆できる場も少なくなっていきます。翻訳や論文の代作仕事で家計の不足を補ってはいるものの、質草もない厳しい生活が続きました。

そうした折り、米騒動をきっかけで起こった言論弾圧により、雑誌の編集に関わっていた均が禁錮四ヶ月の刑を受け、入獄することになります。医師は菊栄に、振作を他に預けて入院するよう勧めますが、高額な入院費を支払う余裕のない菊栄は、氷袋を痛む胸にしばりつけ、よちよち歩きの振作を世話しながら、均の帰りを待ちました。

ちょうどその頃、社会政策学会の会合で、婦人問題について講演をしないか、との誘いを菊栄は受けます。人前で話した経験もなく、しかもそうそうたる学者が集うと聞いてひるみはしたものの、菊栄は意を決して出かけていきます。しばらくして、講演掲載の原稿料として、菊栄のもとに百六十円が届きました。家の家賃が十二円、均が勤める雑誌社の月給が七十円の頃です。菊栄にとっては忘れられない原稿料となりました。

大正6年（1917）、長男振作を抱く菊栄

母性保護論争

菊栄は、心身ともに試練のこの時期にも、均に指摘されていた社会主義への知識不足を補おうとひとり学んでいました。そうして迎えた大正八年（一九一九）、二月には均も戻り、菊栄は学びの成果を花開かせます。『婦人の勝利』『現代生活と婦人』『女の立場から』の三冊を上梓し、社会主義の観点に立つ婦人解放論者として、その名は世に知られ始めます。

折りしもこの頃、与謝野晶子と平塚らいてうとの間で、いわゆる「母性保護論争」が起こりました。らいてうが、子ども国有論を主張し、職業と育児は両立しがたいものであるから、妊娠、出産、育児期の女性の生活を安定させるよう、国が補助すべきとしたのに対し、晶子は、自力で自分の子どもを養育できないのは無能で意気地がないからであり、国家による保護は屈辱と反論しました。

菊栄は、ふたりの意見は本質的に対立するものではなく、職業による経済的自立の機会を保障するとともに、社会保障制度によって母子の生活を守ることは社会の責務であると論点を整理したうえで、しかし、その根本的解決のためには、経済関係そのものの改変が必要であると主張しました。すなわち、資本が特定の階級の独占に委ねられ、資本家のために安い賃金で労働を提供する資本主義的社会への順応を究極の目的とする以上、いくら経済的自立や母性保護を訴えても、問題の根本的解決はなされないと指摘したのです。

菊栄はこの原稿を、掲載願いの手紙を添えて、中央公論新社の社長宛に送ります。面識はなかったものの、社長は菊栄の原稿を同社発行の『婦人公論』に掲載しました。これ以前の菊栄は、社会主義系の雑誌にたまに原稿を書く程度でしたが、一般にも広くに読まれていた『婦人公論』に掲載されたことで、論壇の注目を浴びます。以降、『婦人公論』にしばしば寄稿することとなり、菊栄は評論家としての地位を揺るぎないものにしていく一方、大正十年にはカーペンターの『恋愛論』を翻訳し、同十二年には、堺利彦による一部訳出紹介に留まっていたベーベルの『婦人論』の初完訳を果たすなど、社会主義婦人解放論の紹介にも努めていきます。

大正９年（1920）の山川一家。左から均、振作、菊栄。

暗黒の時代

大正十二年（一九二三）九月一日、神奈川や東京を中心に甚大な被害をもたらした関東大震災が発生します。自宅は潰れたものの、菊栄も均も振作も無事で、避難先を転々としていました。けれど三日になると、朝鮮人と社会主義者は見つけ次第、殺しても構わないそうだという噂が聞こえてきます。暴徒化した朝鮮人が井戸に毒を入れ、放火し回っているという流言が飛び交い、軍部の一部には、混乱に乗じて社会主義者を殺害しようとの動きもありました。震災以前からふたりを尾行していた若い警官が、世間が殺気立ち、山川の避難先を教えろとうるさい。この先、自分たちの力では防ぎきれないから早く他所へ行くようにと告げに来ます。半信半疑ながら、一家は菊栄の実家に身を寄せることにします。

二十三日、知人で、『時事新報』記者の吉本哲三が、均たちを尋ねてきます。吉本は菊栄の顔を見るなり、「ああ生きていましたか。山川さんは無事ですか」と、声を震わせ抱きつかんばかりでした。菊栄はここで初めて、大杉栄と伊藤野枝、わずか七歳の大杉の甥の三人が、憲兵に連行され、甘粕正彦陸軍憲兵大尉らにより殺害されたことを知ります。事件を真っ先に知った吉本は、すぐにそれを『時事新報』で報じ、世論を喚起することで、それ以上の虐殺行為は防がれたのでした。

後に均は、かつて陸軍中尉だったという男から、同期生が語ったという当時の話を聞かされます。

あの当時自分は大森方面の警備隊長を命ぜられ、山川夫妻をやるつもりでさんざんさがしたが家がつぶれてどこかへ避難し、警察にきいても、誰にきいても、わからなかった。そこへ大杉の事件がパッとなり、甘粕が軍法会議にひっぱられてびっくりした。あのときは社会主義者をやっつければ出世できるとわれわれ仲間はみな思ってたんだが、危いところだったよ。

（『おんな二代の記』）

左から菊栄、伊藤野枝、堺利彦の娘・堺真柄《まがら》

一歩間違えば菊栄たちも、大杉たちと同じ運命を辿っていたのです。

均は入獄以来、健康を損ない、常に内臓に不調を抱えていました。人に会うのも原稿を書くのも病床が多く、生まれつきの神経質で潔癖症、癇癪《かんしゃく》もちだったので、体調が優れないときなどは、周囲はとても気を遣いました。あるとき振作は、癇癪を起こした均が、菊栄に小言をいっている光景を目にします。幼い振作には、母親がいじめられているとしか映らず、思わず均の背中をゲンコツでポカポカと叩きました。日頃は厳しい均が、このときは振作のなすがままにしていると、菊栄が振作を隣の部屋へと連れて行きました。

そのときの冷水を浴びたような異様な衝撃をいまも背筋に覚えている。私が母の涙を見たのは、このときと、それから三十五年後に父が死んだときだけである。

（『山川均と共にあゆんだ半生 ― 母 菊栄をかたる ―』）

家の外では常に私服刑事が目を光らせ、均も菊栄も公然と尾行される。思うに任せず緊張を強いられる日々でしたが、振作の記憶のなかの菊栄は、あたたかくて優しくて、穏やかで静かな世界を与えてくれる母でした。

母の性格は本質的には楽天的である。「困りましたね」「大変だ」「それどころではない」などという言葉をよくいうのに、本当に悲観したりクヨクヨすることはほとんどない。なにかシンの強さとでもいうようなものをもっている。いつも間の抜けた失敗ばかりしているのに、非常事態には、決断と実行が早く、また思い切りがよい。もっとも、時には思い切りがよすぎて、庭の樹の枝をさっぱりと坊主にしたりして父を嘆かせることもあった。

（『山川均と共にあゆんだ半生 ― 母 菊栄をかたる ―』）

震災から二年ほどした頃、三人の男性が山川家を訪れます。菊栄は、均が寝ていた隣の部屋の座布団の下に、さっとアドレス帳を投げ入れてから、彼らを家に入れました。振作がそっと覗きに行くと、三人の男たちは均の寝床を取り囲んでいます。それは第一次共産党事件に際しての臨床尋問でした。菊栄のとっさの判断と機敏な行動により、アドレス帳は無事でした。そこに名前があるだけで、運動とは無関係な知人、親戚までもが警察に調べられる時代だったのです。

昭和六年（一九三一）に起こった満州事変以降、社会主義運動への弾圧はますます厳しくなり、執筆できる場も限られていくなかで、均と菊栄は生活の糧を得るため、鎌倉郡村岡村（現在の藤沢市）でウヅラの飼育を始めます。「湘南ウズラ園」と名付けられたここで、多いときには二千羽近くを飼育し、産まれた卵を売ることで窮乏をしのいでいました。

けれど昭和十二年、人民戦線事件（運動家や学者など、四百人近くが検挙された日中戦争下での左翼弾圧事件）により、均は風邪で寝込んでいたところを警視庁へと連行されます。警察署で高熱を出し、肺炎で手遅れだと医師に見放されたところを、菊栄は必死に看病し、留置所に戻されてからは差し入れにと奔走しました。同じく検挙された学者ら多くが無罪となるなか、均は治安維持法により起訴され、保釈となったのは一年半後のことです。

村岡の自宅にて、均と菊栄

敬意と感謝と励ましと

やがて太平洋戦争が始まると、エサにも事欠くようになり、ウズラ園は閉じざるを得ず、菊栄たちは自給自足の生活を始めます。

そうした時期に、民俗学者の柳田国男が、自身企画の女性叢書シリーズに菊栄の二冊を加えてくれました。幕末の水戸の女性たちを描いた『武家の女性』と、村岡村の歴史を辿った『わが住む村』です。社会主義者への偏見により、国賊呼ばわりされる時代に、菊栄の著作の出版許可はなかなか下りなかったところを、柳田は何度も情報局に足を運び、ようやくこぎつけた出版でした。

菊栄にとっては、思想に関する執筆が禁じられたからこその著作だったかもしれません。けれどそのおかげで私たちは、たとえば、母千世の思い出話をもとに描かれる幕末の武士の家庭と女性の日常を、知ることができます。思想家、評論家とは趣を異にする菊栄の横顔は、戦後、千世と自らの半生を綴った『おんな二代の記』や、幕末水戸藩の激動の歴史と人々の暮らしぶりを描いた『覚書 幕末の水戸藩』へと受け継がれます。

菊栄がこうした著作で紹介したのは、歴史に名を残すような女性たちではありません。「おんなこども」と十把一絡げに、男性より一段低く見られながらも、家庭で得た教養や技術によって、激動の時代を明るく力強く、生き抜いた女性たちです。

明治四十一年（一九〇八）生まれで、自らも治安維持法により逮捕された経験を持つ女優で随筆家の沢村貞子は、菊栄の『二十世紀をあゆむ ある女の足あと』に次の推薦文を寄せています。

終戦の前の年、暗い燈火の下で読んだ「武家の女性」以来、私は山川先生のご本を離さない。明治大正昭和の辛く激しい世の中を甘えず泣かず力みもしないでしっかり生きてきた女性の姿勢を教えて下さったからである。

菊栄が、「敬意と感謝」のまなざしをもって伝えた女性たちの姿に、次代を生きる多くの女性たちもまた、励まされたのです。

初代婦人少年局長

昭和二十年（一九四五）夏、第二次世界大戦は終わりました。菊栄と均が、ようやく活動を再開できると喜んだのも束の間、胃痛を訴え診断をうけた均にガンが見つかります。回復は絶望的と言われたものの、均は信頼する医師のもとで治療に努めます。

折しも、日本国憲法下で組閣された初の社会党内閣により、労働省が新設されました。同省には女性や年少者の労働問題、一般の女性が抱える問題に関する総合的な施策を行う部署として婦人少年局が設けられ、初代局長に菊栄が抜擢されます。アメリカの労働省婦人局を模して創設された婦人少年局の局長に、すでに戦前からアメリカ労働省婦人局の印刷物を取り寄せ、研究していた菊栄が適任と判断されたのは、当然のことと言えます。

労働省に勤務していた間、振作のことばを借りれば菊栄は、「社会主義運動者が革命政府の中で働いているような感じで長年の理想を実現しようと慣れない仕事に打ち込」みました。菊栄が局長に着任したとき、地方の少年室長は一人も決まっていませんでした。地方の基準局から履歴書とともに推薦されてくるのは男性ばかり、女性では責任を負う重要な任務は果せないというのです。そこで菊栄は、室長は全員女性に限ると言明し、自らも地方に足を運んで適任者を探しました。ＧＨＱも菊栄の意見を支持したため、室長はすべ

一堂に会した室長たち（山川菊栄記念会蔵）

て女性となりました。

婦人少年局では、女性の労働環境を整備、向上させるには、新しい法律や制度の周知が必要であり、女性たちの啓発にもと、工夫を凝らしたパンフレットやポスターを数多く作成しました。実態を把握するために、きめ細かな調査活動にも積極的でした。炭鉱の労働環境を知ろうと、菊栄自身が福岡まで出向き、炭坑に入ったこともあります。

しかし、こうした菊栄たちの活動は、やれ、印刷物ばかり作っているの、出張ばかりしているのと、省内では不評でした。机の前で、認め印を押すのが仕事というような人たちからすれば、目障りな存在だったのでしょう。

あるとき別な局長が不機嫌な顔で、「女が役所におしかけてきたもんだから、男は大迷惑

昭和23年（1948）、福岡高松炭坑にて

だ。」と菊栄に不満をぶつけました。そこで菊栄が、「女が何か致しましたか。どんなご迷惑をかけました？」と尋ねると、その局長はまじめな顔で、「便所ですよ。我々高等官専用の便所を婦人専用にされてしまったから、我々が一々下まで行って下僚と一緒にやらなきゃならない。大迷惑ですよ」と言うのです。菊栄は吹き出したくなるのをこらえ、ならば空き地に新しいの作れば良いのでは、とさらりと応じて別れました。

それくらいのこと、女か民間の者ならすぐ気がついてやるのにもと思い、また高等官、高等官とあれしきのことに一々高等官をふりまわすのが、役所になれず、高等官のありがたみをしらない私にはおかしかった。

（『二十世紀をあゆむ』）

「高等官のありがたみをしらない」菊栄はやがて、労働基準法をめぐって上層部と対立します。菊栄は辞表を懐に入れ、徹底抗戦の構えでした。すると昭和二十六年（一九五一）六月二十九日、突然現れた秘書課長が、前年七月付の人事院の通知を菊栄に見せ、明日三十日が退職期限だと通告して帰って行きました。理由は、一年前に行われた人事院試験で、菊栄の成績は不合格だったというのです。過去にもその後も行われることのなかった一度きりの試験、しかも本人に結果が知らされたのが一年後という異例の出来事でした。

昭和27年（1952）４月、サウスイェールズのロンドン炭坑にて

これを機に四年間の労働省勤務を終えた菊栄は、その心境を、「ちょうどツユあけの青空を迎えたように明るく生き生きとはずみ、何年も若がえったようです」（『野に帰って―官僚のセクショナリズム―』）と記しています。菊栄はこの年から翌年にかけて、イギリス政府の招きにより、社会事情視察団の一員として、大戦後のヨーロッパ諸国や植民地から独立国になっていく国々の視察に旅立ちます。

昭和25年（1950）頃の菊栄と均

晩年

帰国した菊栄は、仲間づくりのための啓発、連携、情報交換の月刊誌『婦人のこえ』の編集に取りかかり、後には「日本国憲法を改憲することは許さない」の一点を共通認識とする女性問題の総合的研究機関「婦人問題懇話会」の設立に尽力します。懇話会の研究テーマは幅広く、研究者も活動家も、仕事をもつ女性ももたない女性もともに集い、議論し、ネットワークを広げ、多くの才能が育ちました。

いっぽう均も、いったんは絶望視されていたガンを克服し、「機嫌の良い皮肉屋の老人」として、広い視野での執筆活動を続けていました。四十年余にわたる二人三脚の人生で、最も穏やかで安らかな時期でした。けれど昭和三十三年、別れの時がやって来ます。

ひとり残された菊栄を心配し、振作が同居を提案します。しかし菊栄は、自分の老後のためにあなたを生んだのではないと提案を斥けました。見かねた遠縁の岡部雅子が同居を申し出ます。互いの行動に干渉しない、個人用以外の生活経費は原則折半といった申し合わせのなかには、食堂のテーブルの着座は均の場所を空席とするというのもありました。

菊栄は、振作と企画した『山川均全集』の校正を行うかたわら、『覚書 幕末の水戸藩』執筆のため水戸を訪れたり、婦人問題懇話会に参加したりの日々を送ります。その菊栄も、均と暮らした思い出の多い自宅では、次のような姿を垣間見せるのでした。

ときどき菊栄は、「おとうさん、おとうさん」と呼びかけるともなく、口にした。均の姿をそこここに見る日々は、二度とあいまみえることのない哀しみを誘う反面、その生前に、しばしば官憲の手に捕えられ、心ならずも一つ屋根の下に暮らすことを妨げられた日々を耐えてきた菊栄に、均を失った寂しさを乗り越えるエネルギーも、また、与えていたようにも思う。（『山川菊栄と過ごして』）

そして昭和五十五年十一月、菊栄は家族に見守られながら、九十年の人生を閉じました。

昭和52年（1977）頃の菊栄

参考文献

山川菊栄『おんな二代の記』（一九七二年、東洋文庫）
山川菊栄『二十世紀をあゆむ ある女の足あと』（一九七八年、大和書房）
岡部雅子『山川菊栄と過ごして』（二〇〇八年、ドメス出版）
山川振作「山川均と共にあゆんだ半生 ― 母 菊栄をかたる ―」（『婦人之友』一九六二年十二月）
山川菊栄・向坂逸郎編『山川均自伝』（一九六一年、岩波書店）
江刺昭子『覚めよ女たち 赤瀾会の人びと』（一九八〇年、大月書店）
外山光広・岡部雅子編『山川菊栄の航跡「私の運動史」と著作目録』（一九七九年、ドメス出版）
奥村敦史監修・らいてう研究会編『わたしは永遠に失望しない 写真集 平塚らいてう 人と生涯』（二〇一一年、ドメス出版）
山川菊栄「野に帰って ― 官僚のセクショナリズム ―」（鈴木裕子編集『新装増補 山川菊栄集 評論篇 第七巻』、二〇一一年、岩波書店）
堺利彦「婦人界の三思想家」（『唯物史観の立場から』一九一九年、三田書房）
山上千恵子監督ドキュメンタリー映画「姉妹たちよ、まずかく疑うことを習え ― 山川菊栄の思想と活動」（二〇一一年、ワーク・イン〈女たちの歴史プロジェクト〉）

手渡されたメッセージ――結びにかえて

本書をまとめるにあたっては、もととした連載に大幅な加筆を行うとともに、あらたに山川菊栄の章を書き下ろしました。最終章に菊栄を据えたのには、ふたつの理由があります。

ひとつは、私にとっての菊栄は、思想家、女性解放運動家である前に、『武家の女性』青山千世の娘としてあったことです。幕末の水戸に漢学者の娘として生まれ、維新後には先駆者として高等教育を受けた千世の若き日を、母の思い出話に留めることなく、生き生きとした女性の生活誌、社会史として描き出したのが菊栄でした。千世と菊栄という母娘の姿を通して、世代を超えた女性史、時代を超えた〈知〉の継承の一相を示すことができるのではないかと考えたからです。

いまひとつの理由は、ここ数年の政治社会情勢を前に、菊栄の存在を、より多くのひと、とくに若い世代に知ってほしいと思ったからです。

一九七八年、菊栄はその半生を記した『二十世紀をあゆむ　ある女の足あと』の「あとがき」を、次のように始めます。

悪夢のような戦争と共に、悪夢のような言論弾圧の時代がすぎ去って、すでに三〇余年となりました。言論弾圧といっても、今の若い方には見当がつかないかもしれません。てっとり早い例をあげるならば、この文の第一行目にある「悪夢のような戦争」という一句で、戦前ならばこの本は発売禁止となり、著者も発行者も、刑罰をうけたことでしょう。直接に戦争や軍備の問題にふれなくとも、国民を狂気のような戦争にかりたて、血と火の中におどりこませようとする、当時の軍と政府の意にそわぬものは、片はしから弾圧されたのです。そして、敗戦とやけ野原の日本を迎えたのでした。

戦後三十余年、九十歳を前にしても、言論弾圧の時代は菊栄にとって決して遠い昔のことではありませんでした。

「平和」とは一時的な休戦状態にすぎないのではないか、との危惧は、このとき菊栄のなかで日増しに大きくなっていました。有事立法の研究が進められ、日米ガイドライン(日米防衛協力のためのガイドライン)が決まったのもこの年です。

菊栄は、中国のひとが言ったという「天の半分を支えているのは女だ」ということばを引きながら、女性が参政権を得た以上、国の政策についても、女性は男性と平等の責任を負わなければいけないと説きます。

教育や社会保障にいく予算を削って、国防費へまわすのは、日本の政治家の明治以来の手です。気を許してはいられません。このごろ有事立法とかいって、平和憲法に手をふれ、国際紛争に武力を用いる準備にかかる様子があるのは、何とも危ないことです。女の手から、天がずりおちそうな気がします。

そして、「どうぞみなさま、天の半分をしっかりささえて下さい」という若い女性たちへのメッセージをもって、この「あとがき」を結んでいます。

当時、まさに「今の若い方」だった私は、三無主義（無気力・無関心・無責任）のしらけ世代まっただなかでした。戦争の体験談こそ祖父母や両親から聞いた経験はあったものの、言論弾圧の怖ろしさを思うことはありませんでした。イマドキの若者と大人世代に揶揄されても、戦後がこのまま続くことを信じて疑わず、「悪夢のような戦争」と書いて罰せられる時代の再来など、想像することもありませんでした。

けれど五十歳を超え、菊栄の危惧を身近に感じるいま、私もまた、菊栄からメッセージを手渡されたひとりとして、続く世代に伝える責任を思っています。権威や権力を前にして、自らの問いかけをやめてしまわぬように。「姉妹たちよ、まずかく疑うことを習え」。菊栄が女性たちに投げかけたメッセージが、次代を担う女性たちにとっても、実践し続けられる社会であってほしいと願います。

最後になりましたが、本書の上梓にあたり、参考とさせていただいた先学の著述に深く感謝するとともに、図版資料の掲載を許可下さった諸機関に、お礼申し上げます。

本書は、連載のきっかけを与えて下さった『文部科学教育通信』（ジアース教育新社）中村憲正さん、出版をすすめてくださった三弥井書店・吉田智恵さん、おふたりの編集者がいらっしゃらなければ、世に出ることはありませんでした。書籍化にあたり、いかに書くべきか、戸惑いのなかにあった私に、「先生のいまを書いてくだされぱいいんです」、という智恵さんのことばは、大きな安心感となりました。八人それぞれの人生のどこを切り取り、そこに何を見るかは、つまるところいまの私を語ること。この、大胆かつ少し気恥ずかしくもある企画を可能にしてくださった智恵さんに、感謝します。

本書は、二〇一〇年二月から八月にかけて『文部教育科学通信』に連載した「〈知〉の継承から考える明治期の女性教育 ― 先駆者の気概に学ぶ ―」（全十四回）をもととしています。

なお本書は、二〇一〇年～二〇一三年度科学研究費基盤研究「明治期女性教育にみる〈知〉の継承に関する研究」による成果の一部です。

二〇一四年四月

榊原千鶴

転載資料一覧

第一章　学びたい！をあきらめない　東京女子師範学校第一回生　青山千世

女子師範学校行啓　『明治神宮聖徳記念絵画館壁画』（二〇〇八年、明治神宮外苑）
千世と両親　山川菊栄『武家の女性』（一九八三年、岩波書店）
千世と竜之助　山川菊栄『おんな二代の記』（一九七二年、東洋文庫）
菊栄、長男振作、母千世　山川菊栄『二十世紀をあゆむ　ある女の足あと』（一九七八年、大和書房）

コラム　女性と手紙

手紙を書く女性　ハーバート・G・ポンティング、長岡祥三訳『英国人写真家の見た明治日本　この世の楽園・日本』（二〇〇五年、講談社学術文庫）

第三章　近代女性の「鑑」となる　宮中のたましい　美子皇后

侍講進講　『明治神宮聖徳記念絵画館壁画』（二〇〇八年、明治神宮外苑）
美子皇后に仕えた女官たち　上田景二『昭憲皇太后史』（一九一四年、公益通信社）
美子が幼いときに描いた「楠公父子訣別の図」　同右
大日本帝国政府起業公債五百円證書　『キヨッソーネと近世日本画里帰り展』（一九九〇年、毎日新聞社）

第四章　学校経営に戦略を！　跡見女学校創設者　跡見花蹊

姉小路公知　『跡見学園一三〇年の伝統と創造』（二〇〇五年、跡見学園）

第五章　荒くれ反骨男たちを鍛える　興志塾塾頭　高場乱

少琹「水墨 亀画」　緒方無元『郷土先賢詩書画集』（一九七五年、郷土先賢顕彰会）
古処「読源語五十四首」同右
乱の書画「蘭の花」　読売新聞西部本社編『大アジア燃ゆるまなざし頭山満と玄洋社』（二〇〇一年、海鳥社）
乱の調合用天秤　同右
乱の肖像画　同右
興志塾の略図　同右
興志塾のテキスト　同右
早川松山画「萩一戦録」　文化遺産オンライン
玄洋社と玄洋社三傑　『頭山満翁写真伝』（一九九三年、現代思潮新社）
タゴールの歓迎会　同右

第六章　殖産興業を担う　富岡製糸場工女　和田英

富岡製糸場行啓　『明治神宮聖徳記念絵画館壁画』（二〇〇八年、明治神宮外苑）
富岡製糸場初代所長・尾高惇忠　盛岡市ホームページ「盛岡の先人たち」
六工社商標　『信濃教育 特集 和田英』（一九七二年、信濃教育会）

大里忠一郎　和田英、上條宏之校訂解題『定本富岡日記』（一九七六年、創樹社）
横田家の人々　上條宏之『絹ひとすじの青春『富岡日記』にみる日本の近代』（一九七八年、日本放送出版協会）

コラム　海外に紹介された少女　ちりめん本の世界

『日本の人々の生活』　石澤小枝子『明治の欧文挿絵本 ちりめん本のすべて』（二〇〇四年、三弥井書店）
『さかさまの国日本』　同右
『かぐや姫』　同右

第七章　日米文化の架け橋となる　コロンビア大学講師　杉本鉞子

モーレーのサイン　杉本鉞子「『武士の娘』の見たアメリカ(3)」（『婦人之友』一九四〇年一月）
鉞子の母・稲垣金　渡善子「杉本鉞子『武士の娘』を書いた作家」（一九六七年、新潟日報社編『越佐が生んだ日本的人物』第三集）
鉞子が子ども時代を過ごした家　平成十八年度特別展「杉本鉞子資料里帰り展」展示資料解説（長岡市立科学博物館）
鉞子の筆跡　渡善子「杉本鉞子『武士の娘』を書いた作家」（一九六七年、新潟日報社編『越佐が生んだ日本的人物』第三集）
杉本一家　同右
フローレンスと鉞子と娘たち　杉本鉞子「『武士の娘』の見たアメリカ(2)」（『婦人之友』一九四〇年二月）

和服姿のフローレンス　同右
晩年の鉞子　渡善子「杉本鉞子『武士の娘』を書いた作家」（一九六七年、新潟日報社編『越佐が生んだ日本的人物』第三集）
フローレンスの墓碑　杉本鉞子「「武士の娘」の見たアメリカ(3)」（『婦人之友』一九四〇年一月）

第八章　大胆に率直に自己の意志を示す　初代婦人少年局長　山川菊栄

山川均　岡部雅子『山川菊栄と過ごして』（二〇〇八年、ドメス出版）
山川菊栄『新訂増補 山川菊栄集 第一巻 女の立場から』（二〇一一年、岩波書店）
母千世と菊栄ときょうだい　山川菊栄『おんな二代の記』（一九七二年、東洋文庫）
菊栄五歳の頃　岡部雅子『山川菊栄と過ごして』（二〇〇八年、ドメス出版）
女子英学塾時代　同右
平塚らいてう　奥村敦史監修、らいてう研究会編『わたしは永遠に失望しない』（二〇一一年、ドメス出版）
均と堺利彦、大杉栄　山川菊栄・向坂逸郎編『山川均自伝』（一九六一年、岩波書店）
菊栄と振作　岡部雅子『山川菊栄と過ごして』（二〇〇八年、ドメス出版）
均と菊栄と振作　江刺昭子『覚めよ女たち 赤瀾会の人びと』（一九八〇年、大月書店）
菊栄と伊藤野枝、堺真柄　同右
均と菊栄、村岡の自宅にて　鈴木裕子編『山川菊栄評論集』（一九九〇年、岩波書店）
菊栄、高松炭坑にて　山川晋作「山母均と共にあゆんだ半生―母菊栄をかたる―」（『婦人之友』一九六二年

十二月）

菊栄、ロンドンの炭坑にて　山川菊栄『二十世紀をあゆむ ある女の足あと』（一九七八年、大和書房）

菊栄と均　岡部雅子『山川菊栄と過ごして』（二〇〇八年、ドメス出版）

晩年の菊栄　同右

なお、本文の引用にあたっては、原則底本の表記に従ったが、通読しやすいよう、振り仮名、濁点を付した箇所がある。また、特に出典を明記していない写真・図版資料は個人蔵のものである。

著者略歴

榊原千鶴（さかきばら　ちづる）

1961年名古屋市生まれ。名古屋大学男女共同参画室准教授。

専門は日本の中世から近代に至る女性教育史、日本中世文学。博士（文学）。

南山大学文学部卒業後、社会人経験を経て、名古屋大学大学院文学研究科に進学、1995年同博士課程満期退学。1999年名古屋大学大学院文学研究科助教、2010年同男女共同参画室助教、2011年より現職。

著書に『平家物語　創造と享受』（1998年）、共編著に『女訓抄』（2003年）、『日本語上手。ひと味ちがう表現へ』（2006年）以上、三弥井書店。『日本語表達力専門塾』（2008年、台湾衆文図書公司）、論文に、「「女子の悲哀に沈めるが如く」— 明治二十年代女子教育にみる戦略としての中世文学 —」（『少女少年のポリティクス』2009年、青弓社）ほか。

ツイッターアカウント @wakuwakuchizuru

烈女伝 — 勇気をくれる明治の８人

平成26年５月30日　初版発行

定価はカバーに表示してあります。

発行者　吉田栄治

発行所　株式会社　**三弥井書店**

〒108—0073東京都港区三田３—２—39

電話03—3452—8069

振替00190—８—21125

ISBN978-4-8382-3263-5 C0023　製版・印刷　藤原印刷